健やかな育ちを支える
領域「健康」

上野奈初美
［編著］

ミネルヴァ書房

はじめに

　子どもが健やかに成長するためには，子ども自身の健康が基盤となります。本書は，子どもたちが生きていくうえで必要な健康に関する基盤づくりを保育者としてどう支えるのか，基礎的な理論とその方法について述べています。特に幼児期は，子どもが自分を取り巻くさまざまな環境と関わりながら活動範囲を広げていく時期です。子どもが主体的・積極的に環境と関わっていくためには，まず，安心と安全が保障されなければなりません。安心や安全を保障するには，心身がどのように発達するのか，その過程を知ることが大切です。また，安全な生活を送るには，基本的生活習慣の獲得が欠かせません。次に，子どもの生活習慣や生活リズムを整えるためには，大人の存在が必要となってきます。園生活で子どもたちとともに過ごす大人は保育者です。そして，保育者に課せられた責務は，安全管理をはじめとする園内外の環境づくりといえます。

　2018年からスタートした現行の教育課程等では，人格形成の基盤となる「幼児期に育みたい資質・能力」の3本の柱と「幼児期の終わりまでに育ってほしい姿」10項目が示されています。特に領域「健康」においては，一人ひとりの子どもに寄り添いながら，身体と心の成長を支えることを保育者に求めています。たとえば，生活習慣の指導においては，保育者が一方的に教えるのではなく，子ども自身が自分の生活を自分の手でやれることに達成感や満足感を感じながら育つことを到達目標としています。また，子どもたちが毎日の生活に充実感をもち，自分から身体を動かすことに喜びを感じ，意欲的に活動に取り組めるような場の設定は，保育者が行う環境設定ということになります。子どもたちとの日々の関わりのなかで，支援者として，今できることは何かに気づき，それを最大限に引き出すことが健やかな育ちを支える保育者には望まれます。

　本書は，保育者を目指すみなさんが，自学しやすいよう，どの章から学習を始めても理解しやすい構成になっています。気づく→わかる→できるといった学習者の視点に立ち，重要な基礎的事項については繰り返し解説しています。

学習の進め方の一例を紹介しますので参考にしてください。

どの章もまずは，一読してみましょう。次に，各節ごとに挙げられている学習のポイントを頭に置きながら読み進めてください。その際，重要語句（索引参照）や注をチェックすると要点がまとまり，学習のポイントとつながっていきます。また，多くの図表が掲げられています。説明文と照らし合わせながら読んでいくと，文章だけではわかりにくい箇所も理解しやすくなります。章末には演習課題が掲載されていますので，理解度を確認しましょう。さらには，参考文献を紹介しています。他の文献に触れることにより，より深い学びが実感できることでしょう。

本書を手がかりに，幼児期にふさわしい生活や体験を通して，子どもたちの心身が健康に育つ保育を体現されるよう願っています。

2022年11月

編著者　上野奈初美

目　次

はじめに

第1章

幼児と健康

・・・

　幼児の健康を考えた場合，具体的には，いきいきとし，活動的で，よく食べ，よく眠り，表情が豊かで探究心に富み，いろいろな人と関わって幼児らしい生活を送ることが健康であるといえます。成長著しい幼児期は，将来健康な生活を営むための基礎をしっかり身に付けておかなければならない大切な時期です。本章では，一般的な健康についての考え方を概観するとともに，幼稚園教育要領等に定められた領域「健康」の内容についてみていきましょう。

第1節　健康とは

学習のポイント

- 現代の健康の考え方について理解しましょう
- 基本となる幼児期の健康づくりの重要性を理解しましょう

1 健康についての考え方

　私たちは，一生健康で過ごしたいと願っています。毎日の生活を満足感をもって楽しく充実して過ごす，これは健康でなければできにくいことです。健康であるということは生活上すべての活動の基礎，基本であり，しかもこれは年齢を問わない条件です。

　WHO（世界保健機関）[1]は，その憲章に「健康」を「完全な肉体的，精神的及び社会的によい（安寧な）状態であることを意味し，単に病気でないとか，虚弱でないということではない」(Health is a state of complete physical, mental and social well-being and not merely the absence of disease or infirmity.（WHO 憲章）) と定義しています（1946年7月ニューヨークにて61か国代表が署名，1948年効力発生）。それは，健康とは病気や虚弱でないというだけではなく，身体の体力値が高く，知的には適切な教育を受け，社会的（家族，地域社会，職場）には豊かな人間関係があり，精神的にも安定している状態（身体的・社会的・精神的にバランスがとれた状態）であるということです（図1-1）。この WHO の考え方はすばらしいものですが，あまりにも完全な状態を求め過ぎているのではないかといった意見もあります。

　また1961年，米国のハルバート・L・ダン博士が提唱した「ウェルネス」という考え方（単に身体の健康づくりばかりでなく，日常の行動様

式と生活態度を変容し，自分自身に適合した最高のライフスタイルを築くことを究極の目的とし，より充実した幸福な人生を得る）にもみられるように，乳児期から老年期までのライフスタイルに応じた健康のあり方という生活の質（QOL）を重視した考え方もあります。

図1-1　WHO の健康のとらえ方

精神的側面
・精神症状
・知的能力
・満足度など

身体的側面
・身体症状
・体力
・抵抗力など

社会的側面
・社会的役割
・人間関係
・社会の仕組み
　　など

3つの側面は関連している

出典：和唐正勝・高橋健夫ほか『現代高等保健体育改訂版』大修館書店，2020年，p. 8

一方，わが国における近年の健康づくりのための活動は，二次予防（早期発見，早期治療）中心の第一次国民健康づくり対策（1978年〜），一次予防（健康増進）中心の第二次国民健康づくり対策（アクティブ80ヘルスプラン，1988年〜），さらに健康づくり支援のための環境整備なども対象にした「健康日本21」（2000年〜）へと続き，現在は「健康日本21（第二次）」（2013年〜）が行われています。この「健康日本21（第二次）」は，1986年に WHO が示した「ヘルスプロモーション」の考え方に基づいたもので，後の「健康増進法」の制定にも影響を及ぼしました。ヘルスプロモーションは，一人ひとりが主体的に健康づくりに取り組むとともに，社会全体がそれを支援することに力点を置いています（**図1-2**）。活動の主体は住民や当事者で，彼らがよりよい健康行動ができるための環境整備の重要性が唱えられており，「健康的な政策づくり」「地域の活動を活性化」「意思決定や行動選択を行えるような能力の育成」「予防や健康増進へと方向転換」などが強調されています。現在，多くの健康づくりに対する考え方はこのヘルスプロモーションを基本としたものが多いといえます。

このように，健康観は時代の推移や社会の価値意識とともに変わって

図1-2 ヘルスプロモーションの考え方

◆ヘルスプロモーションの概念図

従来の健康づくり　　　ヘルスプロモーションの考え方に基づく健康づくり

個人技術の向上　→　健康

住民参加

個人技術の向上

健康

自己実現

健康を支援する環境づくり

教育や環境づくりを通して、すべての人が自分たちの力で健康に生きていけるように支援

出典：藤崎清道「ヘルスプロモーションの概念と今日的意義」『公衆衛生研究』第48巻第3号，1999年，p.183

いくものですが，人々は自分の生き方を反映した健康観を常にもち続け，その獲得を目指しているといえます。

2 健康の成り立ちとその要因

健康に生活していくためには，自分自身が健康に気をつけるだけでは不十分です。私たちを取り巻くさまざまな環境が健康に大きな影響を及ぼしているのは明らかです。また，好ましい環境のなかにあっても，生活習慣をはじめとした不健康な生活を過ごしていたならば健康の維持はできません。年齢や性別，遺伝など人間の生物的な側面および食事，休養，運動，その他の生活習慣など，本人に関わる健康要因を「主体要因」といいます。一方，空気，水などの自然環境，経済的環境，教育・文化的な環境，医療サービスなどを含めた「環境要因」が健康を成立させるためには欠かせない要因といえます（**図1-3**）。

図1-3 健康の成立要因

生活習慣
（食事，運動，睡眠など）

主体要因
年齢，性別，遺伝，免疫

保健，医療サービス
（病院，保健所，診療所など）

健康の成立 → 生活の質

環境要因

自然環境
（空気，水，動物など）

経済，文化的環境
（職場，人間関係，交通機関，メディアなど）

出典：和唐正勝・高橋健夫ほか『現代高等保健体育　改訂版』大修館書店，2020年，p. 9「健康の成立要因」を基に作成

3 幼児期の健康

　人間の健康をみていくと，ある年齢の健康の状態は，必ず次の年齢の段階に受け継がれていきます。胎児の健康は乳児の健康状態にあらわれ，乳児の健康は幼児の健康に継続されていきます。胎児期や乳児期は，まだ，自分から健康な生活を営むことができない時期であり，主に母親に依存している子どもにとっては受け身の健康生活といえます。幼児期になってはじめて親から離れ，自分から健康な生活を営むスタートを切ることができるようになります。健康な幼児とは，単に身体を健康な状態に保つことだけではなく，他者との信頼関係のもとで情緒が安定し，その幼児なりにのびのびと自分のやりたいことに向かって取り組むことができる子どもです。このことからも，幼児期は，発達的にみたときに健康の面においても非常に重要な意味をもつ時期だといえます。

第2節 領域「健康」のねらいと内容

1 幼稚園教育要領

1 幼稚園教育要領第2章「ねらい及び内容」

　学校教育法第1条に「学校とは，幼稚園，小学校，中学校……とする」と，幼稚園が最初に規定されています。これは，子どもの発達や学びが連続していることを重視することを基本としたものです。第22条には，幼稚園の教育の目的が，「幼稚園は，義務教育及びその後の教育の基礎を培うものとして，幼児を保育し，幼児の健やかな成長のために適当な環境を与えて，その心身の発達を助長することを目的とする」と明示されています。それを受けて，第23条には，目標が5項目にわたって挙げられています。その第1項が「健康」に関するもので，「健康，安全で幸福な生活のために必要な基本的な習慣を養い，身体諸機能の調和的発達を図ること」と述べられています。「健康」の領域は，心身の健康に関する領域で，「健康な心と体を育て，自ら健康で安全な生活をつくり出す力を養う」という観点から，ねらい及び内容がまとめられています。

①ねらい

　幼稚園教育要領解説によれば，「ねらい」とは幼児が生活を通して発達していく姿を踏まえ，幼稚園教育全体を通して幼児に育つことが期待される心情，意欲，態度などであるとされています。ねらいとは，子ど

ものさまざまな体験を積み重ねる姿から，育みたい資質・能力をとらえ，次第に達成に向かう目標といえます。以下に領域「健康」のねらいを挙げます。

(1)　明るく伸び伸びと行動し，充実感を味わう。

(2)　自分の体を十分に動かし，進んで運動しようとする。

(3)　健康，安全な生活に必要な習慣や態度を身に付け，見通しをもって行動する。

(1)は心が安定して，抑圧されることなくのびのびと行動することで充実感を味わい，内面的な心情が育つことをねらいとしています。(2)は体を動かすという活動に主体的に取り組もうという意欲が育つことをねらいとしています。(3)は健康，安全に関する技能を習得するだけでなく，それが習慣化され，自ら進んで行っていく主体的態度が育つことをねらいとしています。

②内　容

　領域「健康」の内容とは，ねらいを達成するために「保育者（教師）が指導し，幼児が身に付けていくことが望まれるもの」であり，保育者（教師）が指導してほしい内容です。子どもが環境に関わって展開する活動を通して総合的に指導される具体的な項目であり，以下の10項目が挙げられています。

(1)　先生や友達と触れ合い，安定感をもって行動する。

(2)　いろいろな遊びの中で十分に体を動かす。

(3)　進んで戸外で遊ぶ。

(4)　様々な活動に親しみ，楽しんで取り組む。

(5)　先生や友達と食べることを楽しみ，食べ物への興味や関心をもつ。

(6)　健康な生活のリズムを身に付ける。

(7)　身の回りを清潔にし，衣服の着脱，食事，排泄などの生活に必要な活

動を自分でする。

(8) 幼稚園における生活の仕方を知り，自分たちで生活の場を整えながら見通しをもって行動する。

(9) 自分の健康に関心をもち，病気の予防などに必要な活動を進んで行う。

(10) 危険な場所，危険な遊び方，災害時などの行動の仕方が分かり，安全に気を付けて行動する。

③内容の取扱い

内容の取扱いは，保育者が子どもの発達を踏まえて上記に挙げた②の内容を指導するうえでの具体的な配慮や留意点といえます。

(1) 心と体の健康は，相互に密接な関連があるものであることを踏まえ，幼児が教師や他の幼児との温かい触れ合いの中で自己の存在感や充実感を味わうことなどを基盤として，しなやかな心と体の発達を促すこと。特に，十分に体を動かす気持ちよさを体験し，自ら体を動かそうとする意欲が育つようにすること。

心と体の健康は相互に密接な関連をもち，一体となって形成されていくものです。幼児期において，心の安定を図るうえで大切なことは，幼児一人ひとりが，保育者や友だちとの温かいふれあいのなかで，興味や関心をもって積極的に周囲の環境と関わり，自己の存在感や充実感を味わっていくことです。幼児は，自分の存在を保育者（教師）や友だちに肯定的に受け入れられていると感じられるとき，いきいきと行動し，自分の本心や自分らしさを素直に表現するようになり，その結果，意欲的な態度や活発な体の動きを身に付けていくことができます。反対に，自分の存在を否定的に評価されることが多いと，心を閉ざし，屈折した形で気持ちを表現するようになります。このことから，保育者（教師）の関わりが重要であるとともに，幼児が1日を送る集団（組，クラス）のあり方も重要となってきます。

> (2)　様々な遊びの中で，幼児が興味や関心，能力に応じて全身を使って活
> 　　動することにより，体を動かす楽しさを味わい，自分の体を大切にしよ
> 　　うとする気持ちが育つようにすること。その際，多様な動きを経験する
> 　　中で，体の動きを調整するようにすること。

　幼稚園生活のなかでは，さまざまな遊びや生活を通して，体を動かす
楽しさを味わい，幼児自ら健康で安全な行動をとれるようにすることが
大切です。安全についての構えを身に付けるとは，幼児が自分で状況に
応じて機敏に体を動かし，危険を回避するようになることです。また，
自分の体を大切にするという気持ちをもつためには，安定した情緒のも
とで興味や関心に応じた遊びが展開されていることと同時に，安全につ
いて気づくような適切な働きかけを行うことも重要です。さらに，自分
の体を大切にするという気持ちをもつことは，やがては友だちの体を気
遣ったり，大切にしたりする気持ちをもつことにもつながることに配慮
して指導することが必要となります。

> (3)　自然の中で伸び伸びと体を動かして遊ぶことにより，体の諸機能の発
> 　　達が促されることに留意し，幼児の興味や関心が戸外にも向くようにす
> 　　ること。その際，幼児の動線に配慮した園庭や遊具の配置などを工夫す
> 　　ること。

　幼児は一般的に意欲的に活動する存在であり，魅力的な環境に出会え
ば，いきいきとそれに関わります。室内の活動に偏り，戸外に関心を示
さない傾向があるとすれば，戸外の環境の見直しをしなければなりませ
ん。自然に触れ，その自然を感じながらのびのびと体を動かすことによ
り，体の諸機能の発達が促されることに留意し，幼児の興味や関心が戸
外にも向くように，次の点から幼児の動線に配慮することが大切です。
　第一に，幼児の遊びのイメージ，興味や関心の広がりに応じて行動範
囲が広がることを考慮する。

第二に，幼児の自然な活動の流れに園庭全体の空間や遊具の配置を合わせる。

　第三に，園庭は年齢の異なる幼児など多くが同じ場所で活動したり，交流したりする場であり，それぞれの幼児が安定して自分たちの活動を展開できるように園庭の使い方や遊具の配置の仕方を必要に応じて見直す。

　なお，幼児の主体的な活動を大切にするようにし，特定の運動に偏った指導を行うことのないようにしなければなりません。

> (4)　健康な心と体を育てるためには食育を通じた望ましい食習慣の形成が大切であることを踏まえ，幼児の食生活の実情に配慮し，和やかな雰囲気の中で教師や他の幼児と食べる喜びや楽しさを味わったり，様々な食べ物への興味や関心をもったりするなどし，食の大切さに気付き，進んで食べようとする気持ちが育つようにすること。

　食べることは健康な心と体に欠くことのできないものであり，生涯にわたって健康な生活を送るためには望ましい食習慣の形成が欠かせません。幼児期には，食べる喜びや楽しさ，食べ物への興味や関心を通じて，自ら進んで食べようとする気持ちが育つようにすることが大切です。なお，食生活の基本は，まず家庭で育まれることから家庭との連携は大切で，特に食物アレルギーをもつ幼児に対しては，家庭との連携を図り，必要な情報を得ておくなど，十分な配慮を行う必要があります。

> (5)　基本的な生活習慣の形成に当たっては，家庭での生活経験に配慮し，幼児の自立心を育て，幼児が他の幼児と関わりながら主体的な活動を展開する中で，生活に必要な習慣を身に付け，次第に見通しをもって行動できるようにすること。

　生活に必要な習慣の形成の第一歩は，家庭において行われます。幼稚園は，それぞれの家庭で幼児が獲得した生活上の習慣を保育者（教師）

や他の幼児と共に生活するなかで，社会的に広がりのあるものとして再構成し，身に付けていく場といえます。

> (6)　安全に関する指導に当たっては，情緒の安定を図り，遊びを通して安全についての構えを身に付け，危険な場所や事物などが分かり，安全についての理解を深めるようにすること。また，交通安全の習慣を身に付けるようにするとともに，避難訓練などを通して，災害などの緊急時に適切な行動がとれるようにすること。

　幼児は園のなかで安心してのびのびと全身を使って遊ぶなかで，保育者（教師）からの安全について気づくような適切な働きかけのもと，安全についての構えを身に付けることができるようになっていきます。安全についての構えを身に付けることは，幼児が自分で状況に応じて機敏に体を動かし，危険を回避するようになることであり，安全な方法で行動をとろうとすることになるのです。幼児は，日常の生活のなかで十分に体を動かして遊ぶことを楽しみ，そのなかで危険な場所，事物，状況を知ったり，そのときにどうしたらよいか体験を通して身に付けていきます。

２　幼児教育で育みたい資質・能力

　2018（平成30）年に施行された幼稚園教育要領等（保育所保育指針，幼保連携型認定こども園教育・保育要領を含む）に示された「生きる力」を育むために幼児教育で育みたい資質・能力として，「知識及び技能の基礎」「思考力，判断力，表現力等の基礎」「学びに向かう力，人間性等」の３つを明確に示しました。幼稚園教育要領等の５領域（「健康」「人間関係」「環境」「言葉」「表現」）を踏まえ，遊びを通しての総合的な指導から育むことと明記されています（図1-4）。

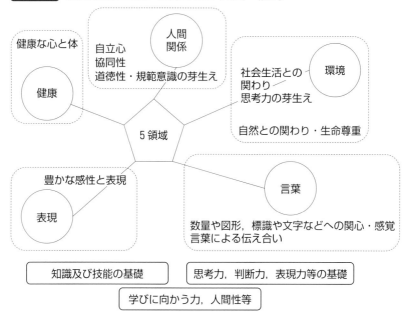

図1-4 幼児教育において育みたい資質・能力

健康な心と体
自立心
協同性
道徳性・規範意識の芽生え

人間関係

社会生活との関わり
思考力の芽生え

環境

自然との関わり・生命尊重

健康

5領域

言葉

豊かな感性と表現

表現

数量や図形，標識や文字などへの関心・感覚
言葉による伝え合い

知識及び技能の基礎　　思考力，判断力，表現力等の基礎

学びに向かう力，人間性等

幼稚園教育において育みたい資質・能力

1　幼稚園においては，生きる力の基礎を育むため，この章の第1に示す幼稚園教育の基本を踏まえ，次に掲げる資質・能力を一体的に育むよう努めるものとする。

(1)　豊かな体験を通じて，感じたり，気付いたり，分かったり，できるようになったりする「知識及び技能の基礎」

(2)　気付いたことや，できるようになったことなどを使い，考えたり，試したり，工夫したり，表現したりする「思考力，判断力，表現力等の基礎」

(3)　心情，意欲，態度が育つ中で，よりよい生活を営もうとする「学びに向かう力，人間性等」

　ここに示されている資質・能力は，乳幼児期の教育・保育における基本を踏まえ，5つの領域に示すねらい及び内容に基づく活動全体によって一体的に育むことによって身に付くものといえます。子どもにとっての発達とは諸能力が個別に発達するのではなく，相互に関連し合い，総合的に発達していくことを意味しています。

　領域に示す「ねらい」については，これまでは「心情・意欲・態度」としていましたが，資質・能力を育む観点から「資質・能力を幼児の生活する姿から捉えたもの」と改められました。就学後の教育の基礎となる乳幼児期なりの「知識及び技能の基礎」「思考力，判断力，表現力等の基礎」の姿をより明確に示すことになっています。

❸　幼児期の終わりまでに育ってほしい姿

　3法令で就学前までに育ってほしい姿として，「幼児期の終わりまでに育ってほしい姿」が示されました。これは，幼児期から小学校，さらには中学校，高等学校まで続く学校教育全体を見渡し，未来を生きる子どもたちにどのような資質・能力が必要かを考えてつくられたものであり，「5領域」ともつながっています。

　(1)　健康な心と体，(2)　自立心，(3)　協同性，(4)　道徳性・規範意識の芽生え，(5)　社会生活との関わり，(6)　思考力の芽生え，(7)　自然との関わり・生命尊重，(8)　数量や図形，標識や文字などへの関心・感覚，(9)　言葉による伝え合い，(10)　豊かな感性と表現

　これら10項目は，発達や学びを幼少期から小学校期まで連続したものととらえ，各年齢に応じた段階的指導を積み重ねることの重要性を明確にしたものです。領域のねらいと内容に基づく活動を通して，「資質・能力」が就学前の子どもの具体的な成長の姿として，特に指導側の配慮すべき事柄ともいえます。

　10項目のなかで主に領域「健康」と関係があるものとして「健康な心と体」が挙げられます。

> (1) 健康な心と体
>
> 　幼稚園生活の中で，充実感をもって自分のやりたいことに向かって心と体を十分に働かせ，見通しをもって行動し，自ら健康で安全な生活をつくり出すようになる。

　年少から年中といった幼児期前半は幼児教育の場（幼稚園，認定こども園等）で，安定感をもって環境と関わり，自己を十分に発揮して遊びや生活を楽しむなかで，体を動かす気持ちよさを感じたり，生活に必要な習慣や態度を身に付けたりしていきます。そして，年長の後半には，今までの多くの経験を通じて，充実感をもって自分のやりたいことに向かって進んでいきます。このような成長のなかで，時間を意識したり，周りの状況を踏まえ，子どもなりに見通しをもった行動ができるようになっていきます。そして，友だちやさまざまな人々との関わりのなかで健康が育まれていきます。このことからも，領域「健康」のねらいに示されている「見通しをもって行動」することは重要といえます。

　大切なのは，これら「10の姿」は到達目標ではなく，「幼稚園教育要領」「保育所保育指針」「幼保連携型認定こども園教育・保育要領」で示されたねらい及び内容に基づいて計画され，実践される活動全体を通して，育みたい資質・能力が育まれている子どもの幼児期の終わりにみられる具体的な姿だということです。園では，子ども一人ひとりの発達の個人差に留意しつつも，子どもの育つ先にこれらの姿があることをイメージしながら日々の保育にあたる必要があります。

４　小学校以上の学校教育とのつながり

　「幼児期の終わりまでに育ってほしい姿（10の姿)」が示されるに至った理由の一つに，約20年ほど前から言われ始めた「小１プロブレム」があります。

　「小１プロブレム」とは，小学校１年生が学校生活に適応できないために起こす混乱状態のことをいいます。文部科学省が2018（平成30）年

10月に発表した「平成29年度児童生徒の問題行動・不登校等生徒指導上の諸課題に関する調査結果」によれば，暴力行為をした子どもの人数は，2006（平成18）年度と比べて1年生が19.2倍，2年生が12.7倍，3年生が12.3倍に増加していました。

「小1プロブレム」の解決策の一つとして，幼児期の教育と小学校教育との円滑な接続が挙げられました。そこで，各小学校では10年ほど前から「スタートカリキュラム」を作成し，接続期の階段を緩やかにするための工夫を行ってきました。しかし，期待するほどの効果を得ることは難しく，現場は混乱し続けてきたという現実がありました。

その結果，幼児教育の学びの成果が小学校教育と共有されるよう「10の姿」を一つの共通言語として位置づけることにより，育てたい子ども像を明確に示すことになりました。

また，「小1プロブレム」を解決するためには，「身体能力・体幹」「感覚統合」「言語・理数能力」の3本柱の関係性も挙げられています。さらに，最近注目されている「非認知能力」も「10の姿」と強いつながりがあるといわれています。つまり，「10の姿」は「身体能力・体幹」「感覚統合」「言語・理数能力」「非認知能力」の4つが総合的に絡み合って達成されると考えられています。

①身体能力・体幹

体幹は姿勢を維持するとともに自分の体を思い通りに動かすために必要です。すぐに疲れる，壁にもたれかかる，落ち着いて座れないなど，体幹が鍛えられていないことが要因となっているのかもしれません。きちんと立つ，歩く，座るなどは動作の基本といえます。また，自分の体を思い通りに動かすことができるのは，敏捷性や瞬発力といった身体能力の有無に影響を受けます。子どもにとって意欲や自信にもつながり，積極的に物事に取り組めるようになります。

②感覚統合

感覚統合は多くの感覚情報を必要なものとそうでないものにわけて整

理したり，関連づけたりして，うまく行動できるようにするために必要です。

　感覚情報には，意識しやすく，自覚しやすい視覚，聴覚，嗅覚，味覚，触覚のいわゆる五感のほか，無意識のうちに使っている次の３つの感覚があります。触覚はどちらにもまたがっている感覚です。

・平衡感覚（前庭覚）

　頭の傾きを感じ，体のバランスをとる，重力や加速度を感知し，体のバランスをとる。

・固有受容覚

　関節の曲がり具合，筋肉の張り具合を調整する。体を動かすときのアクセルやブレーキになる。

・触覚

　危険を察知し，本能的に身を守る行動を起こすスイッチになる。

　これらの感覚情報のいずれかに難がある場合，「感覚統合」がうまくいかず，生活に支障をきたす恐れがあります。たとえば，いろいろな音のなかから人の声だけを取り出して聞き取ることができなかったりします。また，手足をまっすぐに伸ばしたり，バランスをとることができなかったりします。

③言語・理数能力

　知的な育ちに必要である言語能力は，自分の気持ちを人に伝えたり，相手の言葉を理解するなどコミュニケーション力の土台となります。理数能力は，論理的な思考力の土台になります。

④非認知能力

　非認知能力は，人が人らしく，自分の能力を発揮しながら生きていくために必要です。認知能力とは，IQ や学業達成など，学力テストなどで測れる能力です。それに対して，非認知能力は，自制心や勤勉性，外向性，協調性等，客観的な測定が難しい能力です。

　たとえば，目標に向かって努力する，まわりの人と協力しながら最後

までやり抜くなど非認知能力があってはじめてできることです。多くの先行研究の結果から，この非認知能力の重要性が指摘されています。

5　主体的・対話的で深い学び

「主体的・対話的で深い学び」というのは，近年小学校以降の学校教育で重視されている学習方法「アクティブ・ラーニング」のことを指します。保育の場においても，「主体的・対話的で深い学び」の土台を形成するアクティブ・ラーニング（能動的な学習）が求められています。保育者は，園で行う遊びや活動が「主体的」であるか，「対話的」であるか，「深い学び」であるか，この3つの視点から日々の保育を振り返り，改善していくことが必要です。

①主体的とは，自らやろうとすること，そして，遊びや活動に見通しをもって粘り強く取り組み，活動を次につなげることです。

②対話的とは，自分が感じたことや考えを他者に伝え，お互いの考え方を取り込みながら，自らの考えをさらに広げ深めていくことです。子ども同士の対話のなかにおいて，保育者のヒントや仲介などの働きかけも，ときには必要となってきます。

③深い学びとは，遊びや活動を単に行うだけではなく，「なぜだろう」「次はどうなるのだろう」等の物事の意味や理由などについて，試行錯誤を重ねていくなかで学びを深化させていくことです。幼児の発達段階に合わせた遊びや活動を提供する意味がここにあるといえます。

2　保育所保育指針，幼保連携型認定こども園教育・保育要領

保育所と幼保連携型認定こども園は，養護を意識した保育が長い間続けられてきました。2017（平成29）年改定（改訂），2018（平成30）年施行された保育所保育指針および幼保連携型認定こども園教育・保育要領では，幼稚園教育要領に示された内容，特に教育の部分において共通性をもった取り組みを打ち出しました。このことにより，保育所や幼保

連携型認定こども園における保育のなかに教育的な要素を取り入れ，幼児教育を等しく行うことを可能としました。また，2019（令和元）年10月からスタートした「幼児教育の無償化」に伴って保育者の資質や技能が求められることにもつながるきっかけとなりました。

　表1-1 は，保育所保育指針と幼保連携型認定こども園教育・保育要領に示された領域「健康」のねらい及び内容です。1歳以上3歳未満児，3歳以上児，それぞれにねらいと内容が示されています。

　また，**表1-2** は，保育所保育指針に示されている「乳児保育に関わるねらい及び内容」，幼保連携型認定こども園教育・保育要領に示されている「乳児期の園児の保育に関するねらい及び内容」です。乳児期は，子どもの発達が未分化な状態にあり，教育的側面である5領域を明確に区別することができません。したがって，保育所保育指針ならびに幼保連携型認定こども園教育・保育要領では，乳児期の発達の特徴をもとに，以下の3つの視点から保育内容を整理しています。

　①身体的発達に関する視点「健やかに伸び伸びと育つ」
　②社会的発達に関する視点「身近な人と気持ちが通じ合う」
　③精神的発達に関する視点「身近なものと関わり感性が育つ」

　表1-1，**表1-2** をみると，乳児期からを生涯にわたる学びの出発点と位置づけていることが理解できると思います。乳児期の保育がその後の保育・教育のあり方に影響を及ぼすこと，そして，何よりも連続性を重要視しています。特に，領域「健康」は5領域のなかでも最も上位に示されていることから，子どもの生命維持と安全な保育の確保が求められています。乳児期における3つの視点からみた保育内容，そして，1歳以上3歳未満児，3歳以上児にわけられている領域「健康」のねらい及び内容は，健康・安全な保育を前提として，すべての保育・教育へとつながっていくことを示しています。なお，「内容の取扱い」は，各年齢区分に合わせて記述されています。

表1-1 保育所保育指針，幼保連携型認定こども園教育・保育要領における領域「健康」のねらい及び内容

1歳以上3歳未満児「ねらい」

①　明るく伸び伸びと生活し，自分から体を動かすことを楽しむ。
②　自分の体を十分に動かし，様々な動きをしようとする。
③　健康，安全な生活に必要な習慣に気付き，自分でしてみようとする気持ちが育つ。

3歳以上児「ねらい」

①　明るく伸び伸びと行動し，充実感を味わう。
②　自分の体を十分に動かし，進んで運動しようとする。
③　健康，安全な生活に必要な習慣や態度を身に付け，見通しをもって行動する。

1歳以上3歳未満児「内容」

①　保育士（保育教諭）等の愛情豊かな受容の下で，安定感をもって生活をする。
②　食事や午睡，遊びと休息など，保育所（幼保連携型認定こども園）における生活のリズムが形成される。
③　走る，跳ぶ，登る，押す，引っ張るなど全身を使う遊びを楽しむ。
④　様々な食品や調理形態に慣れ，ゆったりとした雰囲気の中で食事や間食を楽しむ。
⑤　身の回りを清潔に保つ心地よさを感じ，その習慣が少しずつ身に付く。
⑥　保育士（保育教諭）等の助けを借りながら，衣類の着脱を自分でしようとする。
⑦　便器での排泄に慣れ，自分で排泄ができるようになる。

3歳以上児「内容」

①　保育士（保育教諭）等や友達と触れ合い，安定感をもって行動する。
②　いろいろな遊びの中で十分に体を動かす。
③　進んで戸外で遊ぶ。
④　様々な活動に親しみ，楽しんで取り組む。
⑤　保育士（保育教諭）等や友達と食べることを楽しみ，食べ物への興味や関心をもつ。

⑥　健康な生活のリズムを身に付ける。

⑦　身の回りを清潔にし，衣服の着脱，食事，排泄などの生活に必要な活動を自分でする。

⑧　保育所（幼保連携型認定こども園）における生活の仕方を知り，自分たちで生活の場を整えながら見通しをもって行動する。

⑨　自分の健康に関心をもち，病気の予防などに必要な活動を進んで行う。

⑩　危険な場所，危険な遊び方，災害時などの行動の仕方が分かり，安全に気を付けて行動する。

注：上記は保育所保育指針より抜粋。幼保連携型認定こども園教育・保育要領とは記述が一部異なる。
　　保育要領は①～⑩，教育・保育要領は(1)～(10)。（　　）内は教育・保育要領における記述

表1-2 乳児保育に関わる「保育所保育指針」，乳児期の園児の保育に関する「幼保連携型認定こども園教育・保育要領」の領域「健康」のねらい及び内容

健やかに伸び伸びと育つ

【健康な心と体を育て，自ら健康で安全な生活をつくり出す力の基盤を培う】

ねらい
①　身体感覚が育ち，快適な環境に心地よさを感じる。
②　伸び伸びと体を動かし，はう，歩くなどの運動をしようとする。
③　食事，睡眠等の生活のリズムの感覚が芽生える。

内　容
①　保育士（保育教諭）等の愛情豊かな受容の下で，生理的・心理的欲求を満たし，心地よく生活をする。
②　一人一人の発育に応じて，はう，立つ，歩くなど，十分に体を動かす。
③　個人差に応じて授乳を行い，離乳を進めていく中で，様々な食品に少しずつ慣れ，食べることを楽しむ。
④　一人一人の生活のリズムに応じて，安全な環境の下で十分に午睡をする。
⑤　おむつ交換や衣服の着脱などを通じて，清潔になることの心地よさを感じる。

身近な人と気持ちが通じ合う

【受容的・応答的な関わりの下で，何かを伝えようとする意欲や身近な大人との信頼関係を育て，人と関わる力の基盤を培う】

ねらい
① 安心できる関係の下で，身近な人と共に過ごす喜びを感じる。
② 体の動きや表情，発声等により，保育士（保育教諭）等と気持ちを通わせようとする。
③ 身近な人と親しみ，関わりを深め，愛情や信頼感が芽生える。

内　容
① 子どもからの働きかけを踏まえた，応答的な触れ合いや言葉がけによって，欲求が満たされ，安定感をもって過ごす。
② 体の動きや表情，発声，喃語等を優しく受け止めてもらい，保育士（保育教諭）等とのやり取りを楽しむ。
③ 生活や遊びの中で，自分の身近な人の存在に気付き，親しみの気持ちを表す。
④ 保育士（保育教諭）等による語りかけや歌いかけ，発声や喃語等への応答を通じて，言葉の理解や発語の意欲が育つ。
⑤ 温かく，受容的な関わりを通じて，自分を肯定する気持ちが芽生える。

身近なものと関わり感性が育つ

【身近な環境に興味や好奇心をもって関わり，感じたことや考えたことを表現する力の基盤を培う】

ねらい
① 身の回りのものに親しみ，様々なものに興味や関心をもつ。
② 見る，触れる，探索するなど，身近な環境に自分から関わろうとする。
③ 身体の諸感覚による認識が豊かになり，表情や手足，体の動き等で表現する。

内　容
① 身近な生活用具，玩具や絵本などが用意された中で，身の回りのものに対する興味や好奇心をもつ。
② 生活や遊びの中で様々なものに触れ，音，形，色，手触りなどに気付き，感覚の働きを豊かにする。
③ 保育士（保育教諭）等と一緒に様々な色彩や形のものや絵本などを見る。
④ 玩具や身の回りのものを，つまむ，つかむ，たたく，引っ張るなど，手や指

を使って遊ぶ。

⑤　保育士（保育教諭）等のあやし遊びに機嫌よく応じたり，歌やリズムに合わ
　　せて手足や体を動かして楽しんだりする。

注：上記は保育所保育指針より抜粋。幼保連携型認定こども園教育・保育要領とは記述が一部異なる。
　　保育要領は①～⑤，教育・保育要領は⑴～⑸。（　　　）内は教育・保育要領における記述

第3節　健康指導の基本

1 健康指導と環境

　幼稚園での教育は，子どもを取り巻く環境を整え，子どもの主体的な
活動を尊重しながら展開されなければなりません。その活動は子どもの
生活から切り離されたものではなく，日々の生活と関連したものでなけ
ればなりません。このように考えると，日々の生活が子どもを取り巻く
環境そのものということになります。子どもを取り巻く環境は大きくわ
けると，

　①自然的環境（自然界の事物や事象，四季の変化など）

　②物的環境（保育室，園庭，遊具，道具など）

　③人的環境（家族，保育者，友だちなど）

　④社会的環境（国・地域における文化など）

　①～④に挙げたそれぞれの環境は，相互に関連し合っています。した
がって，保育者は子どもに必要な環境を選択し，それを整え，有用に活
用することが重要となってきます。保育にあたっての好ましい環境とは，
子どもたちの興味・関心がどこにあるのかをしっかりとらえることが大
切です。

2 遊びを通しての指導

　幼児期は自分の五感を使って能動的に活動するという直接的な体験を通して多くのことを学習します。なかでも子どもの興味・関心に基づいて行われる自発的な活動としての遊びが挙げられます。たとえば，新聞紙を使った遊びでは，最初の新聞紙を広げる場面は保育者が行い，新聞紙の大きさを子どもたちに意識させます。その後は，子どもたちに任せます。ビリビリに破る子ども，新聞紙を丸めキャッチボールを行う子ども，新聞紙をマントに見立て走り回る子どもなど，大人の想像力をはるかに超えた遊びが出現してきます。この遊びでは，創造力を働かせることと全身を使った動きの獲得を保育者は活動のねらいとしています。このような見通しをもった活動を子どもに提供することが園では求められます。その際，以下のような配慮すべき点があります。

　①保育者は，経験させたい活動に子どもが興味・関心をもつよう環境
　　を整える。
　②直接的な指導を行うというより，誘いかけやヒントを与え，ときに
　　は保育者自らがモデルとなる。
　③子ども自らが活動を工夫したり，課題をもったり，新しい動きに挑
　　戦したりするよう励ましや促しを行う。
　④子どもの頑張りや努力に対して常に肯定的に認めることを心がける。
　⑤子ども同士における楽しさの共有や意見交換が活発に行えるよう人
　　間関係を援助する。

3 総合的な指導

　保育内容の5領域「健康，人間関係，環境，言葉，表現」は，小学校以後の各教科とは異なります。鬼遊びを一例として考えてみましょう。鬼から捕まらないように子どもは逃げます。全力で逃げるという身体活

動は小学校であれば体育的な活動といえます。また，鬼遊びには決まったルールがあります。たとえば，○○鬼遊び（鬼ごっこ）は，この範囲のなかで逃げる，捕まったら鬼と交代するなど，決められたルールで鬼遊びを楽しむことになります。また，捕まったら鬼になるというルールであれば，鬼の数は増えていきます。鬼が協力して捕まえることになりますが，捕まえるには協力がかかせません。そこには，領域「人間関係」や自分の考えを相手に伝わるよう言語化する領域「言葉」も関連してきます。さらには，鬼遊びに必要な遊具や場所などは領域「環境」の内容とも関連してきます。保育内容（5領域）は，子どもが遊びや活動に自発的に関わり，充実した生活を送ることを目標としています。保育における活動（ここでは鬼遊び）は特定の領域だけと結びつくものではなく，5つの領域が相互に密接に関連しながら展開される「総合的な活動」ととらえることができます。保育者は，子どもの発達に応じた活動を通して，子どもの興味と関心を最大限に高めていくことが大切です。

4 体験の重要性

　メディアによる情報獲得が容易な社会のなかで，子どもの感覚的能力の衰退が懸念されます。感覚とは，「目，耳，鼻，皮膚など体のある部分がさまざまな刺激を感じ取る働き。また，それによって感じ取られる内容」（『広辞苑　第7版』）と定義されています。感覚を発達させるには，体験の機会をいかに増やしていくことができるかにかかっています。保育者は，日々の保育のなかでさまざまな体験活動を多く取り入れることの重要性を常に意識したいものです。 表1-3 は，通信機器の種類と1日の使用時間についての調査結果です。

　メディアを通してさまざまな情報と出会うことの大切さを認めつつも，子どもがメディアを含めた情報機器などに不用にさらされる影響を保育者は十分に理解しておくことが大切といえます。

表1-3 幼児のメディア使用時間

(%, 平均使用時間（分）)

項　　目	30分以下	30〜60分	60〜120分	120分以上	この目的で使用しない	平均使用時間
写真・動画を見る	44.1	18.3	8.7	9.5	19.4	0:36
知育アプリを見る	33.7	10.1	2.3	2.9	51.0	0:16
写真・動画を撮る	35.8	6.3	2.1	2.3	53.5	0:14
ゲームをする	33.1	17.7	5.6	5.7	37.9	0:25
ウェブサイトを見る	12.9	6.0	2.3	2.0	76.8	0:10
メールをする	7.1	1.2	1.4	1.7	88.6	0:06
SNSをする	6.8	1.8	0.6	2.1	88.7	0:07
その他	1.1	0.9	0.2	0.8	97.0	0:03

調査方法：インターネット調査
調査対象：幼稚園・保育園に通っている満4〜6歳の各年齢の男女100人ずつとその保護者（計1,200人）（約420万人のモニター集団から抽出）
調査期間：2019年8月27日〜8月30日
出典：学研教育総合研究所「幼児白書Web版　幼児の日常生活・学習に関する調査」2019年を基に作成

5 「心」と「からだ」の関係

　子どもの健康は精神的な部分を含めて考えることが重要です。「心」と「からだ」が互いに影響し合っていることは，ストレスに伴うアレルギー症状や急激な体重低下の症例報告からも容易に想像できます。子どもの心の安定を図るには，保育者が子どもの心を理解し，受容的態度で接することが大切です。子ども自身が心をひらき，自分の想いを保育者に伝える関係性を日々の保育のなかで築いていくことが重要となります。子どもは自ら興味・関心があるものと関わりながら，さまざまな経験を

積み重ねていきます。子どもが安心して園生活を送ることができるよう温かな愛情を注ぐことが何より重要です。

演習課題

❶　自分の健康にとって重要な主体要因と環境要因を1つずつ挙げ，どのように改善していきたいと考えますか。

❷　幼稚園教育要領における領域「健康」のねらいです。空欄に語句を入れ完成させてください。

1）　明るく（①　　　　）と行動し，（②　　　　　　　）を味わう。

2）　自分の（③　　　　）を十分に動かし，進んで（④　　　）しようとする。

3）　健康，安全な生活に必要な習慣や態度を身に付け，（⑤　　　）をもって行動する。

演習課題解答

❶　主体要因「食生活」　3食きちんと食べる。また，栄養バランスにも気をつける。

　　環境要因「メディア等による情報収集」　新聞，テレビ，ネットなどに触れることにより，健康や医療に関する最新の情報を受け取りやすくなる（解答例）。

❷　①伸び伸び　②充実感　③体　④運動　⑤見通し

注

(1)　World Health Organization（WHO）：世界保健機関。世界保健機関は1948年に設立され，国連システムのなかにあって保健について指示を与え，調整する機関。政策は，毎年行われ

る世界保健総会で決定される。

(2)　「Quality of Life（クオリティ・オブ・ライフ）」の略称。日本語では，生活の質と訳されるが，生きがい，満足度という意味もある。

(3)　健康増進法とは，2000年にスタートした「健康日本21」（21世紀における国民健康づくり運動）を支える法律。2002年制定，2003年施行。ヘルスプロモーションの概念を取り入れ生活習慣の改善を目指し，健康増進の方針や健康診断の指針，受動喫煙防止法などについて定めている。

(4)　学校教育法とは，学校教育制度の根幹を定める日本の法律で，1947（昭和22）年3月31日公布，4月1日より施行された。所轄官庁は文部科学省。

(5)　3法令とは，幼稚園教育要領，保育所保育指針，幼保連携型認定こども園教育・保育要領のことである。

参考文献

● 学研教育総合研究所「幼児白書 Web 版　幼児の日常生活・学習に関する調査」2019年　https：//www.gakken.co.jp/kyouikusouken/whitepaper/k201908／index.html（2022年6月10日アクセス）

● 厚生労働省編『保育所保育指針解説』フレーベル館，2018年

● 島内憲夫「ヘルスプロモーションの近未来――健康創造の鍵は？」『日本健康教育学会誌』第23巻第4号，2015年，pp. 307–317

● 清水将之・相樂真樹子編著『実践例から学びを深める　保育内容・領域　健康指導法』わかば社，2022年

● 新村出編『広辞苑　第7版』岩波書店，2018年

● 内閣府・文部科学省・厚生労働省『幼保連携型認定こども園教育・保育要領』フレーベル館，2018年

● 藤崎清道「ヘルスプロモーションの概念と今日的意義」『公衆衛生研究』　第48巻第3号，1999年　https：//www.niph.go.jp/journal/data-48-3-j48-3/（2022年10月1日アクセス）

● 文部科学省『幼稚園教育要領解説』フレーベル館，2018年

● 文部科学省「平成29年度　児童生徒の問題行動・不登校等生徒指導上の諸課題に関する調査結果について」2018年　https：//www.mext.go.jp/a_menu/shotou/seitoshidou/1302902.htm（2022年5月1日アクセス）

● 幼稚園専門教養研究会編『幼稚園・幼保連携型認定こども園専門教養の要点と問題』大阪教育図書，2016年

● 和唐正勝・高橋健夫ほか『現代高等保健体育　改訂版』大修館書店，2020年

● WHO Regional Office for Europe 著，島内憲夫訳『ヘルスプロモーション――WHO：オタワ憲章（21世紀の健康戦略2）』垣内出版，1990年

第 **2** 章

発育・発達

. . .

　園（保育所・幼稚園等）に子どもを預ける保護者は，運動会やお遊戯会などの活動を通して，外でのわが子の成長を感じとることが多いものです。家では感じにくいその発育を促しているのは，他でもない子どもたちの最前線の場にいる保育者です。「子どもの発達について理解し，一人一人の発達過程に応じて保育すること。その際，子どもの個人差に十分配慮すること」と保育所保育指針の保育の方法（第1章総則1⑶ウ）にも謳われているように，個々の発育段階を観察し把握することで，そこからテーラーメイドの保育がみえてきます。本章は，基本的発育を理解することで，個別に寄り添う保育を目指せるよう，発育・発達に関して学びを深めていきましょう。

第1節　発育・発達とは

学習のポイント

- 発育，発達，成長の違いを理解し，保護者にも説明できるようにしましょう
- 発育の速度が異なることを理解したうえで，保育介入できることを考えましょう

1 成長（発育）・発達の特徴

　未熟形で生まれる子どもは，成人といった成熟形に向かって，常に成長（発育）・発達という変化をしていきます。

　ここで，同じ意味合いで使われる「成長」「発達」「発育」の正確な違いを，表2-1にて整理していきましょう。このように，「発育」は，成長と発達の2つの要素である，形態的成長と機能的成熟をあわせもった語句であることがわかります。本章では主に「発育」と表現していきます。

2 スキャモンの発育曲線

　短期間の間に急激な発育を遂げていく子どもは，遺伝により秩序性をもって大きく成熟していきます（発育法則）。そのなかに，「発育の速度は一定ではない」という原則があります。これをあらわした「スキャモンの発育曲線」（図2-1）は，身体の器官4つを分類し，20歳時点の発育を「100」とし，各年齢の発育の増加値を100分比（100%）で示しています。

表2-1 成長，発達，発育の違い

	対象	語意	計量 （秤・ものさし等）	例
成長 （発育）	形態[1]	身体（サイズ）が形態的に大きくなる様を指し，「発育」と近似語	可能	体重，身長，頭囲，胸囲，体格など
発達	機能[2]	精神（脳活動である知能や情緒）や運動が，機能的に成熟に向かっていく様	不可能	知能，情緒，言語，運動，臓器機能，社会性など
発育	形態と機能	「形態的成長」と「機能的成熟」を指す	可能と不可能な部分あり	成長，発達の「例」を合わせたもの

注：1）外から見るありさま
　　2）働き

図2-1 スキャモンの発育曲線

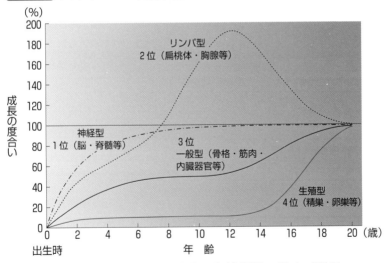

出典：「生殖機能の発育と生殖機能――子孫を作る（2）」『看護 rool!』を一部改変
https://www.kango-roo.com/learning/1735/（2022年5月20日アクセス）

発育順位器官とその特徴

①1位：神経型（脳・脊髄・視覚器等）

　脳と脊髄そして感覚器は，出生後急激な発育を認めます。特に人間たらしめる「脳」は，図2-2にあるように，1歳で約70％，4歳頃までに95％と急激な発達を遂げます。それに欠かせないのが「栄養」であり，体験という名の「活動」です。

　細胞の土台をつくる「栄養」として，まず脂肪酸（脂質から代謝される最小物質）が非常に大切です。というのも，ヒトの細胞を覆っている膜の主成分だからです。脂肪酸には，常温で固体を示す飽和脂肪酸（脂身が多い肉，インスタントラーメン，チョコレート，クッキー等）と，常温で液体を示す不飽和脂肪酸（魚油：DHA・EPA等）の2種類があり，細胞膜の形成には，このどちらの脂肪酸も必要となってきます。図2-3をみてわかるとおり，真っ直ぐな棒を指しているところは「飽和脂肪酸」，曲がっている棒を指しているところは「不飽和脂肪酸」となっています。これは，ただやみくもに付けたものではなく，真っ直ぐ，つまり，硬い脂の脂肪酸と，曲がっている，つまり，柔らかい脂の脂肪酸をあらわしているのです。「頭がいい」ことを，俗に「頭が柔らかい」と言いますが，柔らかさ，しなやかさをつくり出しているのは，この不飽和脂肪酸なのです。特に，正常な脳細胞の発達には，不飽和脂肪酸が欠かせません。DHA・EPAの効果を報告した最近の研究では，自閉症児の多動性，衝動性を抑えることができる可能性を認めています。

　また，喜怒哀楽などの感情，意欲そして集中といった精神活動には，ドーパミンやセロトニンといった脳内神経伝達物質が必要になります。これらの物質の原料となるのが，食べ物から摂取しなければならない必須アミノ酸（ドーパミンはフェニルアラニンから，セロトニンはトリプトファンから合成される）であり，その合成にはビタミンB群や鉄等というビタミン，ミネラルが必要となってくるのです。

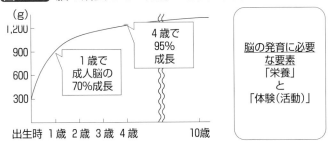

図2-2 脳の成長とその発育に必要な要素

出典:「マルトリートメントが脳を『萎縮』『肥大』させる"子どもの脳"を守れ」
NHKサイエンスZERO，2022年1月12日を一部改変
https : //www.nhk.jp/p/zero/ts/XK5VKV7V98/blog/bl/pkOaDjjMay
/bp/pYqv7MAko6/（2022年6月1日アクセス）

図2-3 細胞膜の構造

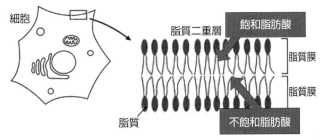

出典:理化学研究所「脂質分解酵素が細胞膜をチューブ状に変形」を一部改変
https : //www.riken.jp/press/2016/20160628_1/index.html（2022
年5月16日アクセス）

②2位：リンパ型（扁桃腺・胸腺・アデノイド等）

　免疫系細胞は，出生後から12歳頃まで勢いをもって成熟します。12歳頃は，20歳の値を超える発育ですが，その後徐々に値が下がってきます。リンパ組織が集まり，喉から侵入してくる病原微生物（細菌やウイルス）をキャッチし，抗体をつくる働きを有するものには，扁桃腺（口蓋扁桃）とアデノイド（咽頭扁桃）がよく知られています。前者は，喉の奥の左右にあり口から観察可能です。後者は喉の奥の上の方（上咽頭部）に位

置しており，口からは見えません。幼児期・学童期は，急激な免疫細胞を増やすための影響を受け，扁桃腺は腫れやすくなります。

　③3位：一般型（身長・体重・骨・心臓・腎臓・腸管・膵臓）

　出生後から幼児期にかけて段階を踏んで発育の伸びがみられます。第二次性徴期（性ホルモン分泌によって心身の変化がみられる時期）があらわれる頃に再び発育の速度を示します。

　④4位：生殖型（精巣・卵巣等）

　思春期に，性ホルモン分泌が活発になることで，14歳を過ぎたあたりから生殖器（男性生殖器（精巣・陰茎），女性生殖器（卵巣・子宮））の急激な発育を果たします。

第2節　形態的発育：身体

学習のポイント

● 形態的発育の特徴を理解しましょう
● 形態的発育の特徴から保育の観察ポイントを考えてみ
　ましょう

1 体重・身長

　出生時体重は約3,000gであり，2,500g未満を低出生体重児といいま
す。出生した後3～4日で体重が約10％減少します。これは，排尿，排
便そして不感蒸泄（呼気など，意識しないで失われる水分）により失
われる水分量が哺乳量よりも多いからみられる現象であり，「生理的体
重減少」と呼ばれています。その後7～10日で出生体重まで戻ります。
乳児期の体重増加は著しいですが，幼児期の体重の増え方は乳児期より
は緩やかです（**表2-2** 参照）。

　一方，出生時の身長は約50cmであり，1歳では75cm，4歳で100cm
と出生時の倍となります。その後，いったん身長の伸びは緩慢となり，
思春期（男子：9～14歳，女子：8～13歳）に入り，再び身長の伸びに
速さがでてきます。

表2-2 年齢階級別にみる体重の変化

	乳児期			幼児期	
	出生時	3か月	1　歳	2　歳	3～4歳
体　重	3,000g（3kg）	6,000g（6kg）	9,000g（9kg）	12kg	15kg
出生体重との比較	―	2倍	3倍	4倍	5倍

注：すべての体重の値は「約」である

2 頭　囲

　出生時の頭囲は約33cm です。乳児期の脳の急激な発達に合わせ頭囲長の伸びのスピードも速くなり，1歳で約45cm，3歳で約50cm となります。頭蓋骨は癒合をもって1つの骨となりますが，新生児のそれは，狭い産道を通るため，骨との間につなぎ目（触知すると柔らかい）部分の泉門があります。前頭骨と頭頂骨の隙間を大泉門（生後10か月頃まで大きくなるが，1歳半頃で閉じる）といい，頭頂骨と後頭骨の間の隙間は小泉門といい，生後3か月頃までに癒合します。

コラム2-1　　大泉門観察からみえてくるもの

　汗をかきやすい夏場や発熱の際，「大泉門」の観察が大事になってきます。

　座位で大泉門が陥没している場合は正常ですが，臥位（寝ている状態）での大泉門陥没は脱水のサインの一つになるからです。特に，1歳頃は，「興味」という情動に促され，「口喝」という生理的現象に気づきにくいので，より注意と配慮が必要となります。ちなみに，座位で大泉門が腫脹している場合は「髄膜炎」のサインになります。

---

3 胸囲・胸郭

　出生時の胸囲は約32cm であり，頭囲（33cm）の方が大きく「頭でっかち」という乳児特有の特徴を呈しています。生後2か月頃より胸囲の方がやや大きくなり，1歳で約45cm となって頭囲とほぼ同じになります。1歳半頃から頭囲との差がより顕著となっていきます。

　乳児期の胸郭は，前後径（胸と背中の長さ）と横径（左右の長さ）が

図2-4 肋骨走行の変化
肋骨水平から斜め走行への移行時期（胸腹式呼吸）

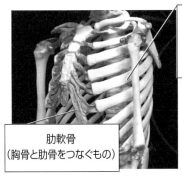

肋骨の走行
乳児：水平
1・2歳：水平〜斜め
3歳以降：斜め

肋軟骨
（胸骨と肋骨をつなぐもの）

出典：㈱アヴィス「小児全身骨格模型」を一部改変
https://humanbody.jp/human/item/bcsc187a.html（2022
年5月14日アクセス）

ほぼ同じ円柱（樽状）の形を成しています。胸郭および呼吸筋の発育に
従って，呼吸の仕方が変化（腹式呼吸→胸腹式呼吸→胸式呼吸）してく
ることから，横径がより大きくなり楕円形へと変化してきます。そして，
肋骨の走行も，水平から成人と同じ前下方（斜め）に変わっていきます
（図2-4 参照）。

4 体　形

　身体の体形（プロポーション）は年齢により変化を遂げます。頭長を
1としたときの身長全体に対する割合により，新生児は4等身，2〜3
歳では5等身，4〜7歳では6等身と，低年齢ほど頭の占める割合が高
いことがわかります。転んで頭を打つなどの思いがけないケガは，頭が
重い乳幼児に多いので留意が必要となります。

5 骨

①骨　数

　大人の骨数は206個に対し，新生児のそれは300個以上あります。これは，成長とともに骨同士が癒合を繰り返した結果，骨の数が少なくなっていく（化骨）からなのです。年齢に見合った骨の発育評価には，年齢と同数の化骨数を認める手首の手根骨が用いられます。**図2-5**のX線写真には，手根骨の有頭骨，有鉤骨そして前腕骨の橈骨下端を認めることから，3歳児相当の手と推定できます。

②骨発生

　頭蓋骨を除くほとんどの骨は，まず軟骨からつくられ（将来骨となるべき部分），その後，骨組織に置き換わることで発生します。これは軟骨内骨化といい，骨を長軸方向（身長を伸ばす）に成長させるための発生方法です。骨が置換するためには，軟骨が分泌する類骨にカルシウムとリンが沈着し石灰化（骨化）される必要があります。しかし，ビタミ

図2-5 手根骨化図

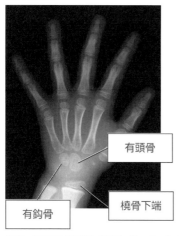

年　　齢	化骨数	骨名（手根骨・前腕骨）
1	2	有頭骨・有鈎骨
2〜3	3	橈骨下端
4	4	三角骨
5	6	月状骨
6	6	大菱形骨
7	7	小菱形骨
8	8	舟状骨
9〜11	9	尺骨下端
12	10	豆状骨

有頭骨

有鈎骨　　橈骨下端

出典：「手根骨の順番」『矯正−Denticola 歯科医師国家試験のポイント』を一部改変
http://www.kokushi.space/?p=440（2022年5月14日アクセス）

ンDが不足している状態では石灰化されるべき類骨が石灰化されません。この影響を受け，長軸方向へ成長が阻害される病態，「くる病」を発症させてしまいます。くる病は，成長の阻害だけではなく，乳歯の生える時期が遅れたり，体幹を支えられず，下肢がO脚（X脚）となり歩行の開始が遅延する危険性もあります。

　骨の骨端と骨幹との部分（骨幹端）には，軟骨があり，これを成長軟骨板といいます。成長軟骨板は成長とともに伸び，それに従い骨が縦方向に成長し，身長が伸びます。身長の成長が停止する時期（男性17〜18歳，女性15〜16歳）に，この軟骨は骨に置換されます。これを成長軟骨板閉鎖（軟骨内骨化終了）といい，軟骨の痕跡として，骨端線が出現します。

　このように，成人の骨に成熟する時期は骨の成長が止まる10代後半です。乳幼児の骨と関節は完成しておらず，ほとんどが軟骨のままです。発達に合わせた負荷により骨が成長し関節ができあがってくるのです。

コラム2-2　園外活動はやはり大事

　骨を丈夫にするカルシウム。しかし，そこには，ビタミンDの働きが不可欠です。この栄養素は，生体内のカルシウム維持の作用をもち，主に魚介類摂取そして紫外線より皮膚から合成されます。しかし，母子手帳の文言変更（1998年から日光浴から外気浴へ），母乳栄養（母乳にはビタミンD含有量が少ない），紫外線対策商品の普及と外遊びの減少，そしてビタミンD含有食品の摂りにくさなどが要因となって，ビタミンD不足からくる「くる病」が増えているのです（2005〜2014年の期間で0〜15歳の者を対象とした有病率は，2005年の1.1（人口10万対）から年々増加し，2014年は12.3（人口10万対）に達しています）。魚介類中心の食べ物からはビタミンDを摂りにくいので，積極的に紫外線を浴びる園外保育は子どもの成長に不可欠です。

コラム2-3　紫外線蓄積によって眼に影響が?!

　成長に欠かせない紫外線。しかし，その紫外線が眼に影響を与えてしまうこともあります。WHO（世界保健機関）が提唱する「紫外線が眼の健康に及ぼす影響」には，18歳までの紫外線蓄積の程度によって，その後の眼の疾患（白内障が多い）のリスクを高めてしまうことを記しています。紫外線が最も強い4〜9月（午前10時〜午後2時）は，つばのある帽子と眼鏡（サングラス）で予防するようにしてください。特に，メラニン色素の少ない欧米人は，子どもでもサングラスや日焼け止めを積極的に取り入れている傾向が高いです。近年，多国籍児を多く受け入れるようになった保育所等でもこの点の配慮が必要となります。

6 骨盤・関節および足

　思春期までは，骨盤を構成している骨の1つである寛骨（図2-6）は，個々に存在しており，それらは軟骨でつながっています。そして，図2-7のように，新生児の寛骨は，思春期のそれと比べ，腸骨，恥骨，坐骨ともに軟骨の占める割合が多いことがわかります。このような理由から，表2-3のように，新生児の骨盤は，左右の骨の連結部分が描かれていないのです（もともと軟骨である恥骨結合を含めて）。この部分は軟骨であるため，X線写真では映らないからです（骨は白く造影される）。

　2〜4歳頃になると，歩くなどの刺激により恥骨周辺の軟骨が徐々に骨となり，下肢を支えるだけの骨盤ができあがってきます。それに伴い，膝関節中心に荷重軸が通ることができ，脚形がI脚へと変化し転びにくくなります。一般的に，乳児の大半がO脚であり，歩行をきっかけ

図2-6 骨盤（腹側面）

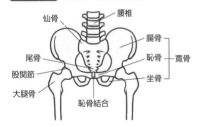

仙骨
腰椎
腸骨
尾骨
恥骨
坐骨
寛骨
股関節
大腿骨
恥骨結合

図2-7 新生児および成人の寛骨（右内側面）

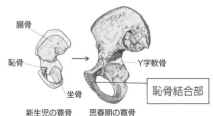

腸骨
恥骨
坐骨
Y字軟骨
恥骨結合部
新生児の寛骨
思春期の寛骨

出典：「骨格系」『視覚解剖学　Visual anatomy』を一部改変
　　　https://visual-anatomy-data.net/kokkaku/index.html（2022年5月26日アクセス）

表2-3 成長過程における荷重軸および脚形の変化

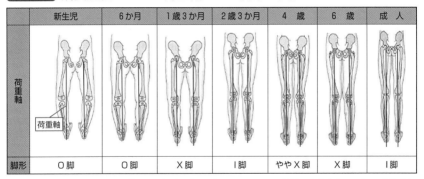

	新生児	6か月	1歳3か月	2歳3か月	4歳	6歳	成人
荷重軸							
脚形	O脚	O脚	X脚	I脚	ややX脚	X脚	I脚

出典：アイレッグクリニック「子供の脚がX脚の形をしているのですが，大丈夫なのでしょうか？」
　　　を一部改変
　　　https://www.i-leg.jp/faq/faq_000062.html（2022年5月4日アクセス）

に，X脚を経て正常な状態（生理的変形）に戻ります。

　一方，荷重軸の点である足関節の骨（足根骨）は，まだ軟骨（2歳6か月頃まで）であり丈夫ではないことから，それを補うため足の底は厚い脂肪に覆われています。それゆえ，乳幼児は，足底全体を使ってバタバタと歩きます。また，ねじれ運動などに関わる足関節は，足根骨が骨化する3歳後半からできはじめ，それに伴い，片足立ちやケンケンなどの動きが可能となります。

　歩行の際の衝撃を和らげる足弓（アーチ）は，3歳頃からできあが

ります。足の筋肉は，足弓の安定に関わってくるので「歩く」「かけっこする」などは，足弓の形成と維持に必要な動きなのです。

骨盤の安定，足根骨の骨化および足弓形成の側面から，2歳児と3歳児以降のジャンプを比較する（榎沢・入江，2018，p.51）と，2歳児では，関節（股関節，膝関節，足関節）の動きはまだ小さく，3歳以上になると，関節の可動域を使って，かがみながら大きくジャンプできるようになります。

7 運動器発育の指導

「バランス力」「瞬発力」そして「持久力」は，運動に必要な力です。特に，支持力を含む「バランス力」が鍛えられると，頭でっかちを特徴とする幼児であっても，転倒からのケガが予防できる可能性が高くなります。上肢の支持力が弱い幼児がつまずき転倒した場合は，手で防御できないため，顔に外傷を負うことが多いのです。四肢をスムーズに動かすことができるよう体幹を軸としたバランス力と上肢の支持力を伸ばすため，「でんぐり返し」や「鉄棒」そして「雑巾がけ」といった運動を活動内に取り入れてみることで，運動器の発達のみならず，子どもに多いケガの予防（安全活動）にもつなげることができます。

コラム2-4　子どもにみられやすい外傷

つまずき，転落による「手をついたときの骨折」は，子どもと高齢者に多くみられる外傷です。しかし受傷部位が異なります。掌から伝わる受傷時の垂直エネルギーは，手関節を構成する橈骨に伝わりますが，高齢者の橈骨は，固く撓むことができないので，橈骨の遠位端（手関節に近い部分）を骨折してしまいます。これを，橈骨遠位端骨折

（コーレス骨折ともいう）といいます。一方，子どもは，「身を守るため，手をついた」という同じ受傷機転でも，橈骨がしなやかに湾曲するため，その上の骨である上腕骨に受傷エネルギーが伝わり，その部位を骨折してしまうことが多いのです。この骨折を上腕骨顆上骨折といいます。腫脹，疼痛部位は肘関節付近にあります。

　また，肘関節付近の外傷として思い出してもらいたいのが，2〜4歳児に起こりやすい橈骨頭の輪状靱帯が抜けかける（亜脱臼）病態の「肘内障」です。この受傷機転は，「大人や年上の子どもに，上肢を引っ張られる」ということで起こります。引っ張られた後に上肢を動かせなくなったら，肘内障を疑います。

　外傷（骨折，脱臼，捻挫，打撲）の基本対応は，重症度の高い「骨折」とみなし対応します。たとえ，骨折してなくともです。肘関節の痛みを訴え，泣き叫んでいる子どもに対しての応急手当の基本は，R（安静），I（冷却），C（固定），E（挙上）です。受傷機転である程度，疾患名を推測できますが，応急措置で必要なことは病態把握です。疼痛，内出血，腫脹から，何をすべきかを考えることがとても大切なのです（ちなみに，ビニール袋の中に，溶けている状態の氷をいれることで氷嚢（Icing）として代用できる）。

第3節 形態的発育評価の意義とその方法

学習のポイント

● 身体的発育評価の種類を理解しましょう
● 評価ツールを用いて発育を評価できるようにしましょう

身体計測評価の意義と評価法

　身体発育や栄養状態，そして疾病や虐待が隠れていないかを把握するため，客観的そして継続的に乳幼児の身体発育（体重・身長・頭囲・胸囲）を測定し，評価することは必要不可欠なことです。

1 評価法：パーセンタイル値

　10年ごとに実施している乳幼児身体発育値（厚生労働省）をもって評価します。これは，体重，身長，頭囲そして胸囲のパーセンタイル値が男女別に曲線として示されており，乳幼児身体発育曲線（ 図2-8 参照）といいます。

　パーセンタイルとは，小さい方から数えて何％目の値かを示す値で，50パーセンタイル値は中央値をあらわしています。パーセンタイル曲線の10以上〜90未満パーセンタイル値内に入っていれば，発育が順調に進んでいると判断できます。3パーセンタイル値未満，97パーセンタイル値以上ですと，発育に偏りが生じていると読み取れ，栄養不良がないか，成長ホルモン分泌異常などの疾病がないかを疑い医療機関への受診を勧める必要もあります。また，10パーセンタイル値未満，または90パーセンタイル値以上であれば，発育不良や肥満などの傾向ありと解釈でき経過観察をしていく必要があります。

　乳幼児身体発育曲線は，園児の健康管理のため，多くの保育所等で簡

図2-8　パーセンタイル発育曲線

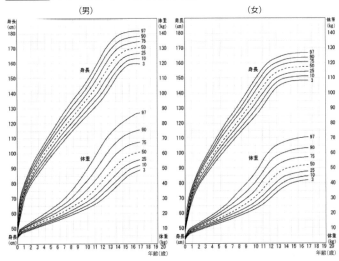

出典：厚生労働省「パーセンタイル発育曲線（成長曲線）とは──平成12年乳幼児身体発育調査報告書」および文部科学省「平成12年度学校保健統計調査報告書」のデータを基に作成
https://www.shobix.co.jp/paru/hyo.html（2022年5月30日アクセス）

易的評価ツールとして用いられています。また，母子手帳にも記載されており，疾病や虐待の早期発見にも役立っています。

2　評価法：SD値（標準偏差，Standard Deviation）

体重や身長などの量的（数値で示すことができる）値の代表に，平均値と中央値があります。そしてそれらを中心として，どのくらい値が散らばっているのかを示す分散値にSD値があります。

データの表現上，中央値には，最小値～最大値をもって分散をあらわし，平均値には標準偏差をもって散らばり具合を示します。

（例）

1歳の平均身長が77cm，標準偏差（SD）を15cmとした場合，その集団の約68%に含まれる身長は，平均値±SDの範疇内にあります。

つまり，77cm±15cm➡77cm−15cm＝62cm～77+15＝92cm

集団の約68％は，身長62〜92cm の間にあると解釈できます。

しかし，約68％のなかでしか集団の特徴を表現できないと説得力に欠けてしまいます。そこで，医学を含めた自然科学系の領域では，信頼を与える説得力をもつ確率を95％とし，残りの５％までは追わなくてもよい（棄却圏）としています。そこで，次の例で95％の範囲に入る身長をみていきたいと思います。

（例）

集団の約95％に含まれる１歳の身長（平均身長77㎝）は，平均値±２SD の範疇内になります。

つまり，77cm ± 2 ×15cm→77cm − 30cm ＝ 47cm〜77cm ＋ 30cm ＝107cm

身長47〜107cm までの間に95％が入ると解釈できます。

２SD 未満は３パーセンタイル値未満，そして２SD 以上は97パーセンタイル値以上と同等の解釈ができます。その値に該当した場合は，生育環境を確認していくことも必要となります。

3 評価法：発育指数

乳児期，幼児期，学童期によって異なる発育指数があるので，表2−4 で示します。カウプ指数は，乳幼児の発育状態（痩せと肥満）の程度をあらわしますが，どちらかというと，児童・生徒の発育指数であるローレル指数は肥満の程度を示す指数として用いられます。つまり，カウプ指数，ローレル指数ともに体格を表す指数（体格指数）であり，前者は，３か月〜５歳児に，後者は小学生・中学生に用います。

表2-4　カウプ指数とローレル指数

Ⅰカウプ指数：乳児期〜幼児期までの肥満の判定		
計算式	体重（kg）÷（身長（m)）^{2}	
判　定	満 3 か月〜 5 歳未満まで判定可能	

（カウプ指数）	13	14	15	16	17	18	19	20	21
乳　児（3か月以降）	やせすぎ		やせぎみ		普　通		太りぎみ		太りすぎ
満　1　歳									
1歳6か月									
満　2　歳									
満　3　歳									
満　4　歳									
満　5　歳									

Ⅱローレル指数：学童期〜思春期までの肥満の判定	
計算式	体重（kg）÷身長（m)^3×10 体重（kg）÷身長（cm)^3×10^7
判　定	小学生から中学生まで判定可能

指　数	判　定
100未満	痩せすぎ
100以上115未満	痩せぎみ
115以上145未満	普　通
145以上160未満	太りぎみ
160以上	太りすぎ

出典：公益社団法人日本栄養士会

第4節　機能的発育：生理的側面

学習のポイント

- 生理的発育について理解しましょう
- 生理的発育の特徴から保育の観察ポイントを考えてみ
  ましょう

1 神経系

　出生後の脳重量は成人（平均1,350g）の25％ほどですが，1歳で約70％，3歳で約80％，4歳で約95％に達します。大脳皮質（脳表面のシワ部）の神経細胞数は，生まれてから増えませんが，この細胞を栄養とする働きをもつグリア細胞の増加で，神経経路（脳深部にある白質部）が密となり，急速に脳の発達を遂げることができます。新生児の姿勢として，仰臥位（仰向け）の形で，上肢はW型で掌は握られており，下肢は股関節より屈曲位をとるとともに，顔は一方の方向に向いています。中枢神経（脳と脊髄）の発達とともに，この姿勢も顕著に変化していきます。

コラム2-5　脳の成熟を拒む「虐待」

　脳の発達は，出生前の胎生期から始まっています。この時期に，最高司令の集合細胞である「神経細胞体」と，ドーパミンなどの神経伝達物質の受け渡しの場，「シナプス」細胞の分裂が盛んになって，神経回路網（ネットワーク）が多く形成されます。出生後は，脳細胞に栄養を与える「グリア細胞」数が多くなり，歳を経るごとに，記憶や学習といった脳の中心的な機能を獲得していくのです。獲得機能の面

からみると，運動野（筋肉を動かす：座る，歩く，走るなど）よりも，1歳にかけて急激に視覚野が発達します。これは，自分を育ててくれる大切な人を区別できるようにするためです。この時期に虐待を受けると，視覚野細胞が萎縮し，「見たくないもの」を脳で認知できないよう「見えなくなる」という症状が出てくることが報告されています。

2 体　温

ヒトの体温は環境に左右されることなく一定に調節（恒常性：ホメオスタシス）されています。ただ，乳幼児期は，体温調整中枢を担う脳（間脳内にある視床下部）や発汗機能が未熟であるため，外気温の影響を直に受けてしまいます。生後4～6か月頃になると体温調節はほぼ安定し始めます。代謝が盛んな子どもの体温は成人よりも一般的に高く，36.8～37.4℃が正常の範囲になり，小児期発熱の目安は37.5℃になります。

　ただ，37.5℃以上だから発熱しているとすぐに決めつけるのではなく，子どもたちそれぞれの平熱を把握し，そこから1℃高ければ発熱の可能性を考えてみてください。測定部位は腋窩検温で行うのが一般的ですが，乳児では測定時間の短い耳式検温で行うこともあります。発熱は，月齢が低い（生後1か月以上3か月未満）ほど重症化しやすく，その原因の多くは「尿路感染症」です。また。生後2か月以上では，肺炎球菌ワクチンの接種による発熱が多く，その大半は軽い副作用であったとの報告があります。

コラム 2-6 「体温計」と「冷却シート」

　WHO（世界保健機関）が，2020年までに医療機関での水銀を使った体温計の使用を止める指針を出しているので，ますます水銀体温計の廃棄が進んでいる状況です。それに伴い，電子体温計，非接触体温計の使用が増えてきています。よく用いられる電子体温計は，「これくらいのペースで上がってきているから，このくらいであろう」という予測式から体温を表示するものなので，正式な値ではないことを理解してください。

　冷却シートは，火照っている身体を冷ましてくれるので満足度の高いアイテムですが，効果はアセトアミノフェンのような解熱薬ほど高くはありません。そして，鼻や口を塞いでしまう可能性もあるので，特に月齢が低い子どもの使用には注意が必要となります。

3 体　液

　ヒトを構成する細胞の内外には「体液」と呼ばれる水分が含まれます。体液には，細胞の内側の水分である「細胞内液」と，外側の水分である「細胞外液（間質液，血漿）」から構成され，年齢によってこの比率が異なります。細胞は，血液によって循環している細胞外液（血漿）から栄養や酸素を取り込むことで，個々の細胞の機能（エネルギー産生など）を果たすことができるのです。

　表2-5 のように新生児や乳児は，幼児（成人）に比べ，体重あたりの体液の割合が高く，新生児では体重の80％，乳児では70％，幼児から成人で60％です。細胞内液と外液の比は，幼児（成人）では2：1，新生児では1：1と，若年化になるに従い，細胞外液の量が多くなります。

　表2-6 のように乳幼児は，腎臓の濾過機能が未熟なため，不溶なも

表2-5 年齢における体液量の変化　(%)

	新生児	乳　児	幼児〜成人
体　液*	80	70	60
細胞内液	40	40	40
細胞外液	40	30	20

注：＊体重に占める体液（水分）の割合

表2-6 年齢における必要水分量および排泄水分量　(ml/kg/日)

		新生児期	乳児期	幼児期	学童期	成人期
水分必要量		100	150	100	80	50
排泄量	不感蒸泄量	30	50	40	30	20
	尿　量	70	90	50	40	30

のを排泄するだけの水分を多く必要としますが，腎臓の再吸収の働きも弱いため，体内に必要な量の水分を再吸水することができません。そのため，発熱や発汗によって脱水をきたしやすいのです。

　このほか，新生児や乳児が脱水になりやすい理由として，1日に必要な水分量（体重1kgあたり）と排泄量でも説明がつきます。

　成人の必要水分量は1kgあたり1日50mlで足りるのに，幼児期は100ml，乳児期は150mlも必要となります。加えて，不感蒸泄量（汗や呼気によって失われる水分）や尿量も多いという特徴から脱水を起こしやすい身体ということがわかります。

　脱水に至りやすい乳幼児を守るた

図2-9 ツルゴール低下反応

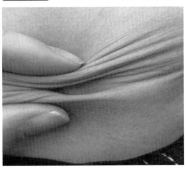

出典：たんぽぽこどもクリニック「脱水症」
http://www.tanpopokodomo-clini
c.com/wp/case/casetype/225/
164/（2022年6月13日アクセス）

め，それを見抜く4つのサインを覚えてください。① 乏尿（無尿），② 口唇の渇き，③ 大泉門陥没，④ ツルゴール低下反応です。ツルゴールとは，皮膚に「張り」がある状態を指し，低下反応サインとは，脱水による影響で皮膚の張りが弱くなり，指でつまんだときにできるシワのことです（図2-9）。実際には，手の甲やお腹を指でつまみ，2秒以上戻らなかった場合を「ツルゴール低下反応あり」として，脱水の可能性を疑います。

4 呼　吸

①呼吸数

出生とともに肺呼吸が開始されますが，乳幼児は，肺胞（肺の中の細胞で酸素と二酸化炭素のガス交換を行う場）が十分に発達しておらず，加えて，胸郭が未熟なので上手く呼吸ができません。このため，乳児期の呼吸は，腹式呼吸がメインで，幼児期前半に胸腹式呼吸にシフトしていきます。年齢における呼吸数は表2-7のとおりです。

表2-7 年齢区分における呼吸運動 および呼吸数

呼 吸運 動	主な呼吸筋	年齢区分	呼吸数／分
腹　式	横隔膜	新生児・乳児	40〜50回（新生児）30〜40回（乳　児）
胸腹式	横隔膜・肋間筋	幼児	20〜30回
胸　式	肋間筋	7歳〜成人	15〜20回

②呼吸器系の特徴

乳児は基本的に鼻呼吸であるため，鼻水などにより鼻が詰まってしまうと，容易に呼吸困難をきたす危険性があり，特に留意が必要となります。生後5〜6か月頃になると，ようやく口での呼吸ができるようになります。しかしながら，小さな鼻腔，軟口蓋(5)と喉頭蓋(6)の距離が近いという特徴から，気管閉塞につながりや

すい解剖学的特徴を有していることを理解しましょう。

　また，普段は，気管から肺に空気を送らなければならないので，気管上にある蓋（喉頭蓋）は閉じられていませんが，飲み込み（ゴックン，嚥下）した際は，飲んだものが気管に入らないよう，反射によって喉頭蓋は閉じられます。

　ただ，乳幼児の場合は，呼吸数が成人よりも多く，反射を司っている脳が未熟であるため，小さい物（6mm程度）であれば，気管に入ってしまい窒息（誤嚥）してしまうこともあります。気管で見つかる異物は，成長とともに減少してきます。ちなみに，ただ窒息には，誤嚥（食べ物・玩具などの異物）と，誤飲による異物の咽頭部窒息（大きさ20mm程度）や食べ物による咽頭部窒息があります。

5 循　環

　出生時の心臓の重量は15〜25gと成人のそれと比べ約1/10程度です。そのため，年齢が低いほど，心臓に収める血液量も少なく，全身に血液を送るためには，心臓を何回も動かす（拍動）必要があります。心拍数とは，心臓が1分間に拍動する回数を指し，これを皮膚から触知できるものを脈拍といいます。当然，新陳代謝が盛んな子どもの場合，拍動の回数を増やし全身に血液を送らなければならないので脈拍数が増えます。また，運動や発熱，号泣そして入浴などでも脈拍数の増加がみられます。

　心臓の働きが順調かどうかを把握するために，脈拍数のみならず，速さ，リズムを読み取ることは大切です。通常の測定動脈は橈骨動脈ですが，触知しにくくったら，膝窩動脈，頸動脈，浅側頭動脈で測ります。平時における毎分あたりの脈拍数は，新生児で120〜150回，乳児120〜140回，幼児80〜120回，そして成人で60〜80回です。

6 消 化

①唾液の作用と発達

味覚が確立していく4～6か月頃から，唾液量が増えてきます。唾液には以下のような大切な働きがあることがわかっています。

(1) 口腔内の唾液（ムチン）により，口腔，食道の粘膜を保護，咀嚼，嚥下そして発声をスムーズにする

(2) 食物（でんぷん）を溶解（プチアリン）し，味覚の感度を高める（舌に食物をのせただけでは，味は感知しにくい，唾液と食物がまじりあうことによって，味覚が感じられやすい）

(3) 抗菌作用をもつリゾチームなどが，口腔内の菌の増殖を抑制する

(4) 食べかすやプラーク（歯垢）を洗い流す自浄作用がある

(5) 虫歯になりやすいpH（酸性）を中和させる働きをもつ

②舌・顎の発達

(1) 3か月までは，舌の前後運動で母乳（ミルク）を飲む

(2) 4～6か月までは，舌の前後運動に，顎の運動が加わる

(3) 8か月頃になると口をしっかりと閉じ，舌と顎の上下運動ができるようになり，食べ物をつぶして食べられるようになる

(4) 10か月頃からは舌と顎をしっかり動かし歯茎で咀嚼できるようになる

このように，咀嚼には，顎の働きが不可欠であり，顎の8割は6歳までに発達します。いかに，乳幼児期の咀嚼刺激は，顎発達にとって重要であるかがわかります。

コラム2-7 「歯みがき」よりも大切なこととは?!

子育て支援センターで「発育相談」を受ける機会のある筆者は，「歯

はいつからみがけばよいのですか」という質問を保護者から多く受けます。離乳食開始時の赤ちゃんの歯は，乳切歯が2本か4本程度。わが子が虫歯にならないように，真剣に質問をする保護者に，「いっぱい食べられるようになったら，歯みがきはとても大事になってきます」と一言言ってから，こう続けます。「まず，虫歯というものは，食べ物（糖）が出す酸をエサにした虫歯菌（ミュータンス菌）が原因でできてしまうのです。その菌は，食べカスの歯垢に棲み着いています。ですから，その住処である歯垢を取り除くことはとても大事なことです。ただ歯垢というのは，特に歯の間に溜まりやすいので，乳歯によくみられる『歯の隙間』には，そもそもその歯垢が留まる場所が少ないのです。乳歯をブラシでみがくことよりも，唾液がいっぱい出るような毎日（口を動かすモグモグ体操は唾液分泌を促す）を送りましょう」とお話しています。なぜなら唾液には，菌を取り除く働きも，歯垢を洗い流してくれるパワーもあるのですから。

　また，歯ブラシが届きにくい「乳臼歯（にゅうきゅうし）」が生える19～31か月の幼児の口腔内（虫歯菌がいない）で，特に気をつけなければならないことがあります。それは，大人の唾液から虫歯菌が移る「母子（父子）感染」です。このことから，①大人と一緒の箸などで食べさせない，②かわいいからとキスをしない，③歯磨きのコップは子ども専用のものを用意するなど，虫歯菌を移さない対応をとることが必要となってきます。

7 排泄機能

　排泄とは，生命維持に必要な物質やエネルギーの生産過程で生産される不要な代謝産物を体外に排出することです。心身の健全な発育には，まずこの生理的欲求が十分に満たされることが大切になってきます。

①排　尿

　尿は体内で生じた有害かつ不要な物質が，腎臓でろ過され尿管を経て膀胱に蓄えられます。一定量以上の尿量の滞留により膀胱内圧（膀胱壁内にある膀胱ヒダの伸展）が上昇し，その刺激が脊髄にある排尿中枢（仙髄 2 ～ 4 ）を通り，そして大脳の感覚野に伝わることで尿意を感じることができるのです（**図 2-10** 参照）。感覚野の前方に位置する運動野から発する運動神経が，排尿のための筋肉（膀胱平滑筋の収縮と膀胱括約筋の弛緩）に作用し排尿に至ります。

　新生児の膀胱容積は60ml 程度，成人のそれは500ml 程度であることから，新生児の蓄尿能力は，成人と比べ1/10程度となります。そして排尿機能も未熟ゆえに，尿が溜まると，尿意なく反射的（仙髄にある排尿中枢を通り排尿に至る：脊髄反射）に排尿が起こります。このことから，1 日あたりの排尿回数は多くなり，生後 2 か月頃までは15～20回排尿をします。

　1 歳頃には，大脳（前頭葉）の発達により尿の抑制が可能となってきます。2 歳頃になると，自分の意思で排尿がコントロールできるようになります。つまり，尿意を感じても，排尿環境（近くにトイレがない等）が整っていなければ，ある程度の我慢ができるようになります。ただ，4 歳頃までの尿意は，膀胱が一杯になったときのみ起きるため，外出前に排尿を促し，拒否したとしても，外出後すぐにトイレに行きたがることがあります。

　3 ～ 5 歳になると，抗利尿ホルモンの分泌が増加するため，夜間の排尿の頻度は少なくなってきます。

②排　便

　乳児期の排便は，胃に食べ物が入ったのを機に，腸の蠕動運動が活発となり，脊髄反射（排尿中枢と同じ仙髄 2 ～ 4 ）によって排便が起こります。1 歳半～ 2 歳頃には，言葉やしぐさで便意を訴えることができるようになり，肛門括約筋が発達する 3 ～ 5 歳頃になると，我慢すると

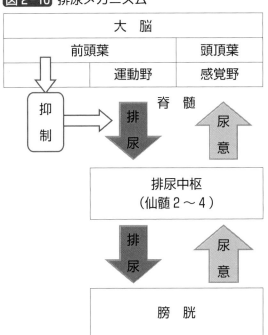

図2-10 排尿メカニズム

いった具合に排便をコントロールできるようになります。

8 免 疫

　非自己（異物：病原体やアレルゲン）と自己（自身の細胞）を判断し，非自己をとらえ攻撃するシステムを「免疫」といいます。この識別能力は，生後6か月頃には獲得されていきます。その時期までに接触した非自己は，自己として認識されやすい（攻撃対象ではない）傾向があります。このことは，食物アレルギー発症を怖がり，アレルゲン摂取を積極的に遅らせても，予防の効果がないことを裏づけています。この事実を受け，2019年に改訂された「授乳・離乳の支援ガイド」（厚生労働省）

では，鶏卵（卵黄）の7・8か月を前倒し，5・6か月から摂取可能と変更しています。

　免疫を担当する細胞は，白血球の中の顆粒球や単球(マクロファージ)であり，非自己である異物が身体に入るとそれを攻撃します。これを「自然免疫」といいます。ただ，これら白血球が倒せない新たな異物（病原菌）が身体に入ってきた場合は，より攻撃性の高いリンパ球（ヘルパーT細胞が，B細胞に新たな異物を倒す「抗体」をつくるよう命令を出す）が働き出します。このシステムを「獲得免疫」といいます。

　抗体というたんぱく質の1つに，母子感染（母の胎盤から子へ）経由のIgGがあります。白血球機能が未熟な乳児は，母より異物排除の機能をもつIgG抗体を受け継ぎ，身を守っています（RSウイルスは，このIgG抗体をすり抜ける特徴があるため，2歳までにほぼ100%「RSウイルス感染症」にかかってしまう）。ただ，この能力は，生後6か月頃から消失し始め，8か月頃あたりでより自然免疫へとシフトしていくのですが，免疫細胞の働きが十分ではないため，乳幼児のこの時期は特に感染症にかかりやすいのです。

　この未熟な免疫細胞をサポートするのが「ワクチン接種による獲得免疫」です。集団感染を起こしやすい「麻疹」対策としてのワクチンは，1歳を期に接種（麻疹・風疹ワクチン：MRワクチン）がスタートしますが，この接種年齢にはきちんとした理由があります。胎盤由来の麻疹ウイルスの抗体（IgG）は，少なくとも生後6か月頃まで存在しています。だから，1歳前にワクチン接種をしても，抗体存在により排除されてしまうのです。このように，保育者として予防接種スケジュールには意味があることを十分理解し，保護者にもそのことを伝えていくことが大切になってきます。

コラム2-8　ばっちい土を食べてしまった！　でもそれって，アレルギー発症を予防しているかも!?

　「子どもが『泥だんご』をつくりながら，少し食べてしまったのですが，先生，大丈夫ですか？」という質問を受けます。でも実は，病原菌が土にいない限り，逆にそれは子どもの免疫力をアップさせる行為なのです。土が口に入ったとしても，ヒトが分泌する唾液には殺菌能力をもつ物質が含まれているので，さほど慌てる必要はないのです。ちなみに，土の中には，1gあたり10億個以上の細菌・真菌・ウイルスが存在していますが，そのほとんどが病原菌ではありません。「土を食べてしまった！　怖い！」と思うのは，清潔であることが当たり前になってしまっているからなのです。

　こんな研究もあります。口に指を入れる癖のある子どものアレルギーの発症が38％だったのに対し，口に指を入れない子のそれは49％であったといったものです。これは，昔から言われ続けていた衛生仮説（除菌による清潔環境こそがアレルギーの発症を高める）を証明している報告です。土を食べることもこれと同じであり，体内に菌を入れる[7]という刺激により，免疫細胞は本来の正常な働きを果たすことができるのです。このことから，月齢が低い段階から，あらゆるルート（食べ物，場所，動物など）を通し菌に触れ，それを体に取り込み，共生できる常在菌（この菌が免疫細胞の働きをアップする）をつくっていくことが大切になってきます。

9 感覚器

①視 覚

　視覚が未完成のまま生まれてくるヒトは，乳児期に急激な視覚機能の発達を遂げます（脳の視覚野神経細胞の増加）。乳児は生後2か月頃まで0.01程度の視力ですが，繰り返し，光を刺激として脳に伝えていくことで脳が成熟していき，6か月頃に0.1，1歳頃で0.2〜0.3程度，学童期では大人と同じくらいの視力に発達していきます。見る能力は8歳頃に完成されます。このため，早い段階で，先天性弱視（強度乱視や遠視）などを発見し，眼鏡矯正などの介入が必要となってくる子どもがいることも理解しましょう。

②色 弱

　色弱遺伝子は，性染色体のX染色体上にあるため，男児に多く「色弱」が認められます。日本人は，3つの基本色（赤・緑・青）のうち，赤色と緑色の識別が困難な（赤と緑が同色に映る）タイプが多いのです。折り紙やクレヨンなどを使った活動では，色弱用のものを準備したり，また遠足などの活動では，色の違いがわからなくても，楽しい思い出がつくれるような配慮が必要となってきます。

③味 覚

　味を感知する舌乳頭（ぜつにゅうとう）は，胎芽期の7週頃からつくられ，妊娠14〜15週頃には，乳頭内にある味蕾（みらい）が形成され始めます。胎盤内の羊水は，母親が食した味の影響を受けるので，甘かったり，塩辛かったりします。このように胎児の段階で，味のついた羊水を飲みながら味覚ができあがってくるのです。これゆえ，乳幼児の嗜好は，母親の嗜好に近い傾向にあるのです。

　生まれたときから，甘味，酸味，塩味，辛味，旨味を感じ，生後2か月頃には，味の違いを感じるようになります。ヒトが生きるために必要なエネルギー源の元となる炭水化物由来の甘味や，ヒトの生存にとって重要なナトリウムを含む塩味等は，本能的に求める味であるため過剰摂

取になりやすく注意が必要となります。

10 睡　眠

表2-8 のように，人間の睡眠には，身体を休ませるレム睡眠と脳を休ませるノンレム睡眠の2つのタイプがあります。

睡眠全体に占めるレム睡眠（脳神経細胞に栄養を与えるグリア細胞を発達させる機能をもつ）の割合は，脳の成熟が旺盛な胎生期・乳児では50％近くを占め，生後半年では30％，成人では20～25％，高齢者で15％と年齢とともにその割合は減少していきます。そして，睡眠時間も，新生児期（20～22時間），乳児期（16～20時間），幼児期（12～16時間），学童期と成長とともに少なくなっていきます。

表2-8 睡眠の種類

	レム睡眠 （REM:Rapid Eye Movement ＝球速眼球運動）	ノンレム睡眠 （NonREM）
眼球運動	あり	ほとんどなし
大脳（脳波）	覚醒（活動あり）	休息（活動なし）
からだ（筋肉）	弛緩 （ほとんど動かない）	緊張 （寝返り程度の動きあり）
自律神経 （呼吸,血圧,脈拍）	変動	安定
夢	みる	みない, みたとしても不鮮明
睡眠の質	浅い（すっきり起きられる）	深い（脳と身体の休息）
機　能	①記憶の整理・固定 ②脳神経細胞（グリア細胞）の 　発達 ③筋肉疲労からの回復	①脳疲労（ストレス）から 　の回復 ②成長ホルモン分泌

第5節 発育評価（身体的側面）

学習のポイント

- 身体的発育の特徴を理解しましょう
- 保育者として発育測定手法をマスターできるようにしましょう

1 発育測定

①体重測定

乳児の体重測定は全裸で行います。立位が可能であれば，体重計の上に立って測定します（授乳，飲食，排泄後は避ける）。

②身長測定

2歳未満の乳幼児は，仰臥位（仰向け）で測定します。頭を固定板につけ膝や腰が曲がらないように押さえて足底板を足の裏につけます。眼窩部（がんかぶ）と耳珠点（じじゅてん）を結んだ線が，台板と垂直になるようにします。2歳以上では，踵，臀部，背部を柱に付け立位にて測定します。

③頭囲測定

2歳未満の乳幼児は仰臥位で，2歳以上の幼児は座位または立位で測定します。後頭部の最も出ている部分（後頭結節）のところと眉上を通る位置で測定します。

④胸囲測定

着衣を脱ぎ，2歳未満は仰臥位で，2歳以上は立位にて，巻尺が左右の乳頭点を通り，両手を下した状態で測定（呼気と吸気の中間）します。

2 発育の偏り（肥満・痩身）

　学校における幼児および児童（生徒も含む）の発育状態を把握するた
め，毎年，「学校保健統計調査」（文部科学省）が行われており，肥満度
が20％以上である者を「肥満傾向児」，－20％以下を「痩身傾向児」と
しています。肥満と痩身の傾向を 表2-9 表2-10 に示します。

　男女全体の肥満率は5歳で，全体の約3％に過ぎませんが，小学校高
学年から中学生では，約9〜13％に達します。学童期肥満の4割そして
思春期肥満の7〜8割は，成人肥満に移行しやすいことから，肥満につ
ながるライフスタイル（睡眠時間の減少，運動不足，欠食・孤食・濃食・
固食・子食・小食・粉食といった食習慣）をもつ子どもには，保護者を
含めた食育を提供するなど対策が必要となってきます。

　また，体重が重い子が望む飲食の傾向として，糖分の多い高カロリー
のお菓子（チョコレートやスナック等）や清涼飲料水が挙げられます。
これらの食べ物等は，体内に入ってから，血糖依存的にインスリンが分
泌されてしまい，余分な糖は，中性脂肪に変換し皮下脂肪や内臓に貯蔵
されてしまいます。肥満のみならず，血糖値を急激に上げるような食べ
物等は，インスリンを分泌する膵臓のランゲルハンス島 β 細胞の働きを
疲弊させ，II型糖尿病[8]の発症を早めてしまう可能性があるので留意して

表2-9 肥満傾向児率 (%)

	男	女
5歳(幼稚園)	3.7	3.4
8歳(小学生)	11.7	8.9
11歳(小学生)	13.3	9.4
12歳(中学生)	12.7	8.9
15歳(高校生)	12.1	7.3

出典：「令和2年度　学校保健統計調査」

表2-10 痩身傾向児率 (%)

	男	女
5歳(幼稚園)	0.5	0.4
8歳(小学生)	1.0	1.1
11歳(小学生)	3.5	2.9
12歳(中学生)	3.7	4.4
15歳(高校生)	4.0	3.1

出典：表2-9と同じ

ください。

　痩身より痩せの程度が高い「るい痩」は，標準体重の70％未満に該当し，とても危険な状態です。その「るい痩」体重児には，好き嫌いを含めた摂食状況（自閉スペクトラム症特有の随伴症状である「偏食」も含む），家庭環境，育児環境などの把握が必須となってきます。

第6節　発達評価（運動機能的側面）

学習のポイント

● 運動発達の段階を理解しましょう
● 保育者として運動獲得の程度を評価できるようにしましょう

　子どもの運動発達は，神経系の成熟とともに，原始反射の消失，姿勢反射の発現と消失，随意運動の出現などを指標としてみていきます。反射運動が基礎となり，その後の運動が発達していくため，出現すべき時期に反射がみられないとか，消失すべき時期に反射が存在しているなどは，神経や運動器系に問題がある可能性があります。

①粗大運動の発達

　粗大運動とは，姿勢を保持，あるいは身体を移動させるといった運動を指します。乳幼児の身体運動の発達は以下の通りです。

　○3～4か月：首がすわる
　○4～6か月：寝返り
　○7～8か月：独座
　○9か月：腹ばい・ハイハイ
　○10か月：つかまり立ち
　○10～12か月：伝い歩き
　○1歳6か月：独歩

　さらに，下肢の運動発達の指標にはWHO運動マイルストーン指標（図2-11）があります。1～99パーセンタイル値での幅を示しています。

②微細運動の発達

　微細運動とは，主に手指を使う運動を指します。

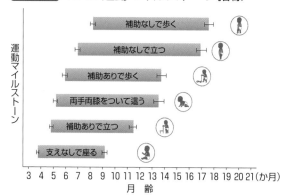

図2-11 WHO 運動マイルストーン指標

出典：中外製薬　看護師・保健師向けサイト「WHO 運動マイルストーン」
https://chugai-pharm.jp/contents/cb/022/02/（2022年6月1日アクセス）

○2か月頃：自分の手を目の前にかざしてみる

○3か月頃：手で物を握る

○4か月頃：両手を合わす

○5か月頃：目の前にあるものに手を伸ばす

○6か月頃：両手に積み木をもつ

○8〜11か月：親指を使って物をつかむ

○1歳6か月：親指と人指し指で物をつまむ

と段階を踏んで，巧緻性を要する動きが発達していきます。

③発達の評価

　乳児は1年ほどで，首がすわる→寝返り→独座→腹ばい→ハイハイ→つかまり立ち→伝い歩き→ひとり立ち→独歩の順で運動を獲得していきます。このことから，どのレベルまで発達しているかを評価する必要があります。乳幼児の運動機能の発達指標の一つに，デンバー発達判定法（DENVER II）があり，このツールを用いて正常範囲を把握することが大切になってきます。この判定法は，粗大運動，言語，微細運動，社

図2-12 デンバー式発達スケール日本版

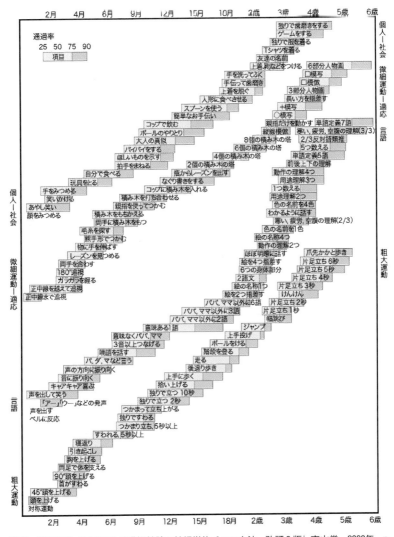

出典：前川喜平『写真でみる乳児健診の神経学的チェック法 改訂6版』南山堂，2003年，p. 110
Median-net 小児看護学 https://www.median-net.jp/test/test_17_12#page6
（2022年6月10日アクセス）

会性という4つの側面を評価し，総合的に発達状態を読みとることができます。たとえば，デンバー式発達スケール日本版（**図2-12**）にて，12か月児において「お座り」ができていないと，発達の遅れが考えられます。特に運動獲得が遅い子どもについては，速やかに専門医に相談するなど保護者に助言を行うことが必要となってきます。

演習課題

❶　カウプ指数を計算して，発育状況を判定してみましょう。

1）　1歳男児：身長75cm，体重9.5kg

2）　3歳女児：身長95cm，体重12kg

3）　4歳女児：身長100cm，体重20.5kg

❷　子どもの身体的特徴より，以下の状況・保育場面から留意すべき点を考えましょう。

1）　発熱・夏場の散歩

2）　食事中

3）　鼻水が多い風邪

演習課題解答

❶　1）　カウプ指数：16.9，判定：普通

2）　カウプ指数：13.3，判定：やせすぎ

3）　カウプ指数：20.5，判定：太りすぎ

❷　1）　熱中症と発熱による脱水予防対策として，こまめな水分（ミネラル含有）補給ができるようにしておく（その他，熱中症の対策には，つばのある帽子の着用や積極的な塩飴等の摂取[9]が挙げられる）（解答例）。

> 2） 誤嚥・咽頭部窒息予防として，市町村から報告を受けている「保育園誤嚥事故調査書」などを参考に，窒息しやすい食べ物とその提供の仕方が全スタッフに共有されている（解答例）。
>
> 3） 特に3か月までの乳児は，鼻呼吸がメインであるため，鼻水をこまめにとってあげる（解答例）。

注

(1) 乳児は，7つの骨片がつなぎ合わさって（縫合）1つの頭蓋骨をつくっている。この縫合部が結合することをいう。

(2) 胸郭とは，背側に，胸椎12個，腹側に肋骨12対，胸骨1個から構成する籠状の骨格を指す。このなかに，心臓や肺等の重要な臓器を納めており，胸郭はそれらを保護する役割をもつ。

(3) 呼吸筋とは，横隔膜と肋骨の間にある肋間筋（外・内肋間筋）を指す。乳児の呼吸は，横隔膜の動きを中心とした腹式呼吸がメインであり，3歳以降は，肋間筋の動きを中心とした胸式呼吸が主となる。

(4) 恥骨結合には，膠原繊維が豊富に含まれており，圧迫に強い繊維軟骨で連結されている部分である。

(5) 口腔天井で柔らかい部分（口蓋垂である「のどちんこ」の手前）。

(6) 咽頭の入り口にある蓋である。嚥下の際，飲食物が食道に流れるよう，この蓋が咽頭入口を塞ぐ。

(7) 土壌中にある酪酸菌が腸内細菌叢に一時的にも棲み着くことができれば，この菌によって食べ物由来の食物繊維が分解を受けることが可能となる。それにより生じた酪酸によって，炎症を抑える働きをもつ制御性T細胞が活性される。

(8) Ⅱ型糖尿病は，生活習慣によってインスリンの分泌量や質が悪くなり，高血糖の病態を示す疾病。小児糖尿病と呼ばれるⅠ型糖尿病とは異なり，インスリン注射を必要とせず，食事・運動療法をもって血糖をコントロールしていく。学童期からの発症が増えており問題となっている。

(9) 厚生労働省によると，水分と塩分の補給目安は，食塩水0.1〜0.2%を推奨している。このため，水100mlに対し塩飴1〜2個（1粒あたりの食塩相当量が約0.1%だった場合）の摂取が必要となる。

参考文献

●岩崎美和監修『なぜ？どうして？小児看護学　第8版』メディックメディア，2019年

●榎沢良彦・入江礼子編著『保育内容　健康　第3版』建帛社，2018年

●岡部正隆監修『色弱の子どもがわかる本』（東京慈恵会医科大学解剖学講座）かもがわ出版，

2016年

● 河邉貴子・鈴木康弘・渡邉英則編著『新しい保育講座⑦　保育内容「健康」』ミネルヴァ書房, 2020年
● 北中幸子「日本人小児のビタミンD不足の実態調査と国民への啓発」(2015年度ダノン学術研究助成金受贈者による研究報告)
● 木村―黒田純子　「自閉症・ADHDなど発達障害の原因としての環境化学物質」『臨床環境医学』第23巻第1号, 2014年, pp.1–13
● 厚生労働省「保育所に食事提供ガイドライン」2012年
● 島袋林秀・梅原直『小児の急変対応』総合医学社, 2017年
● 下田孝義・下田ミナ『0歳からの歯育て』現代書林, 2019年
● 田中真介監修『発達がわかれば子どもが見える』ぎょうせい, 2009年
● 堀向健太『小児のギモンとエビデンス』じほう, 2022年
● 前川喜平『写真でみる乳児健診の神経学的チェック法　改訂6版』南山堂, 2003年
● 三浦由美「あなたも年々感じていませんか?『困った大変な子』が多くなってきていると」「保育種求人サイト『ももいくジョブ──命が守れる保育者シリーズ』」第13講, 2021年
● 三浦由美「『有機野菜』は子どもの腸内細菌を増やすの?──子どもの常在菌と将来の健康との関係」「保育種求人サイト『ももいくジョブ──命が守れる保育者シリーズ』」第26講, 2022年

第 **3** 章

運　動

. . .

　子どもは運動発達の面で大人とは異なる特徴があります。幼児期からの
運動経験は，多様な動きを身に付けるだけでなく，心肺機能や骨の形成な
ど心身のさまざまな側面の発達に欠かせないものです。また，パーソナリ
ティの中核になる自己概念(1)の形成に重要であることも報告されています。
一方，現代社会は，科学技術の進展により，歩行をはじめとした身体活動(2)
を積極的に行わなくても日常の生活はできるといった現実もあります。こ
のような社会環境や生活様式の変化は，子どもが体を動かす活動の軽視に
つながっているともいえます。幼児期に体を動かす遊びを中心とした身体
活動に親しむ時間を保育のなかで確保していくことは，大きな課題といえ
ます。本章では，幼児期にふさわしい身体活動や運動遊びを指導するうえ
で必要な基礎的知識を学んでいきましょう。

第1節　幼児の運動

1 身体活動・運動に関する用語

1 体 力

　体力という言葉には2つの意味が含まれています。1つは病原体の侵入や寒暑などから身を守るための力，つまり抵抗力を指し，他の1つは運動や労働を有効に進めていくための能力を指します。前者は防衛体力と考えられ，後者は行動体力と考えられています。保育内容「健康」のねらいに沿うと，防衛体力は主に健康づくりに関連する体力，行動体力は身体活動や運動遊びに関連する体力ととらえることができます。体力とは総合的なものであって，身体的な面だけをとらえていうのではなく，精神的・社会的な面も含めます。

2 運動能力

　主に体（身体）を動かす活動を考えたとき，一般的には運動能力が重要な要素であることはいうまでもありません。小学校以降の体育の授業等で，運動が上手な子どもとあまり上手でない子どもがいます。この運動が上手なのかあまり上手でないのかを左右する要因が，運動能力です。

　運動能力を測定するには，小学校以上を対象とした新体力テストがあります。しかし，幼児期には正確に測定することは難しいといえます。理由として，成長（発育・発達）の途中であり，身体動作が未熟であるため，体の動かし方や動作（テストのやり方）の理解が十分ではありま

せん。そのため，自らの体力，運動能力を十分に発揮できないからです。
一部の園では，比較的容易に実施できるテストを用いてかけっこやボール投げ等，運動能力を測るテストを行っています。

【幼児の運動能力調査（テスト）】
　以下は4～6歳の幼児を対象とした運動能力調査（テスト）の実施方法を示したものです（幼児運動能力研究会「MKS幼児運動能力検査について」。イラストは一部改編）。

【実施方法】
①25m走（秒）

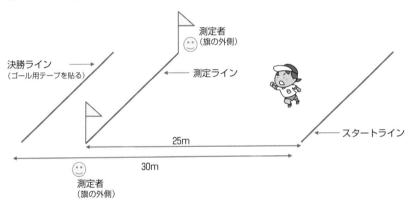

30mの直走路を走ります。スタートから25mの地点を通過するまでの時間を1/10秒単位で測ります。

②立ち幅跳び（cm）

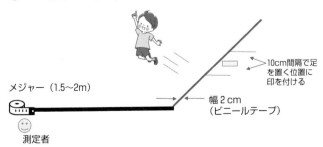

両足同時踏み切りでできるだけ遠くへ跳びます。踏み切り線と着地点との最短距離をcm単位で測ります。

③ボール投げ（m）

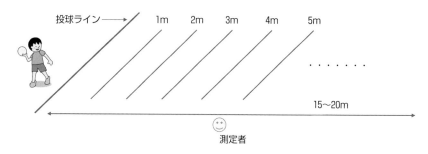

ソフトボールかテニスボールのいずれかを，助走なしで利き手の上手投げで遠くへ投げます。制限ラインとボール落下地点との最短距離を0.5m単位で測ります。

④両足連続跳び越し（秒）

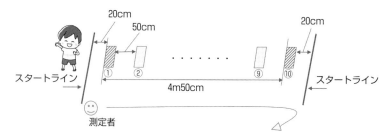

50cmごとに並べた10個の積み木（およそ幅5cm，高さ5cm，長さ10cm）を，両足を揃えて一つひとつ正確かつ迅速に跳び越します。スタートから積み木10個を跳び終えるまでの時間を1/10秒単位で測ります。

⑤休支持持続時間（秒）

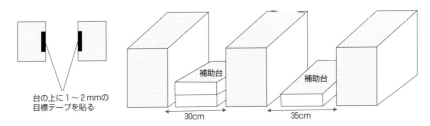

台の上に1〜2mmの
目標テープを貼る

補助台

30cm

補助台

35cm

　体の両脇に「肘の高さ・肩幅の位置」に台を据えます。台に手を置き，合図とともに腕を伸ばして床から足を離します。両腕で体重を支えられなくなるまで計測します。

⑥捕球（回）

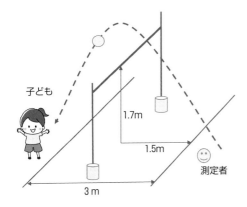

子ども

1.7m

1.5m

測定者

3m

　直径12〜15cmほどのゴムボールを，3m離れた位置から測定者が下手投げで投げます。1.7mの高さに設置した紐の上を通ったボールを，幼児がキャッチします。10球のうち何回キャッチできたかを記録します。

⑦往復走（秒）

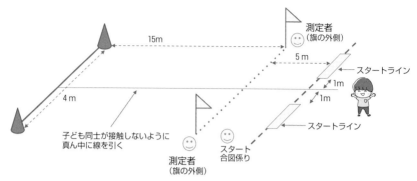

※25m 走が行えない場合の代替種目

15m の往復路をつくります。スタートラインから5m 先に測定ラインを引き、往復地点にコーンを置きます。コーンを回ってスタートラインまで疾走し、スタートから復路の測定ライン通過までの時間を 1/10 秒単位で測ります。

【テストの判定基準】

表3-1 は、25m 走の判定基準（男・女児，2008年）です。この判定基準は，全国の幼稚園・保育所に通う4〜6歳の幼児約1万2,000名の測定値をもとに作成されています。年齢に応じた評定点が設定されているため，自園での測定結果と全国値とを比較することができます。これ以外にも，幼児向きのテストが開発されていますが，幼児の発達の特徴をとらえたテストを用いること，そして，得られた結果を日々の保育に活用することを念頭にテストを実施することが必要です。

【運動能力の構成要素】

・**筋力**

跳び上がる，短い距離を走る，押す，引くなど瞬間的に力を出す能力

・**瞬発力**

瞬発的に力を発して運動を起こす能力

表3-1 幼児の運動能力テストの判定基準

種 目	評 定	男 児					
		4歳前半	4歳後半	5歳前半	5歳後半	6歳前半	6歳後半
25m走 (秒)	5	～6.7	～6.2	～5.9	～5.6	～5.3	～5.0
	4	6.8～7.5	6.3～6.8	6.0～6.5	5.7～6.1	5.4～5.8	5.1～5.5
	3	7.6～8.4	6.9～7.6	6.6～7.1	6.2～6.7	5.9～6.4	5.6～6.0
	2	8.5～9.8	7.7～8.7	7.2～8.0	6.8～7.5	6.5～7.0	6.1～6.7
	1	9.9～	8.8～	8.1～	7.6～	7.1～	6.8～

種 目	評 定	女 児					
		4歳前半	4歳後半	5歳前半	5歳後半	6歳前半	6歳後半
25m走 (秒)	5	～7.0	～6.4	～6.0	～5.8	～5.5	～5.5
	4	7.1～7.7	6.5～7.0	6.1～6.7	5.9～6.2	5.6～6.0	5.6～5.9
	3	7.8～8.8	7.1～7.8	6.8～7.4	6.3～6.9	6.1～6.5	6.0～6.4
	2	8.9～10.1	7.9～8.9	7.5～8.3	7.0～7.7	6.6～7.3	6.5～7.1
	1	10.2～	9.0～	8.4～	7.8～	7.4～	7.2～

出典：幼児運動能力研究会「MKS幼児運動能力検査について」2008年

・平衡性
不安定な姿勢や不安定な場所で安定を保ち，運動することができる力
・協応性
身体各部が相応して動く力
・敏捷性
すばやく動ける力，鬼ごっこ，ドッジボールなどで急に向きを変えたりするときなどに必要な能力
・柔軟性
体を曲げたり，反らしたりする体の柔らかさ，筋肉や関節の柔らかさ
・持久力
鉄棒にぶら下がり続けたり，長距離を走り続けたりするときに必要な

能力

3 運動技術

　運動技術とは，簡単にいうと，運動の“やり方”のことです。たとえ
ば，バレーボールのオーバーハンドパスとアンダーハンドパスは異なる
運動技術です。運動を上手に行うには，上手に行うための正しい“やり
方”があり，人から指導されたり，本を読んだり，動画を見たりして知
識として身に付けていきます。この運動技術は，運動を実施する環境や
使用する用具などの改良によって発展していきます。したがって，運動
技術は人に伝達することが可能です。

4 運動技能

　運動技能とは，知覚を手がかりに状況判断，意思決定，予測などの過
程を通して運動をコントロールする能力です。たとえばサッカーが上手
だからといってテニスも上手にできるとは限りません。それは，運動種
目やポジション等によって知覚される環境や状況が異なり，それぞれに
特有の知覚を手がかりに運動をコントロールする必要があるからです。
したがって，運動技能とは特殊性の高い能力といえます。
　上手くパフォーマンス（運動）ができるようになるには，よりよい運
動技術を身に付け，運動技能を向上させるために繰り返し練習を行うこ
とが必要です。

2 運動技能の発達

1 運動技能の獲得

　一般的に，2歳頃から全身的な運動を身に付けていきます。単純なも
のから複雑なものへと目的に応じた運動ができるようになることを，運
動技能の獲得といいます。2〜6歳頃の幼児期の運動技能は，走る，跳
ぶ，投げるなどの基本の運動を繰り返したり，組み合わせたりすること
によって，より高度な運動技能が獲得されていきます。5〜10歳にかけ

では，鬼遊びやボールを使った遊び，器械運動遊びなどがあり，10歳以上になって，各種のスポーツが個々の種目の技能として獲得されます。重要なことは，体の機能が十分に発達していないのに学習を強いても効果がないばかりか，かえって成長を妨げる原因となることがあります。また，学習開始の時期が遅れすぎると効果が上がらないことから，子どもの成熟の度合いに合わせ学習を開始すること＝「レディネス」(4)が大切といえます。

　幼児期に形成された神経支配の中枢回路は，簡単には消えません。そこで，幼児期においては神経系を中心とする「調整力」(5)の発揮に関わる運動遊びをすることが好ましいといえます。バランス，敏捷性，巧緻性などが養われる全身運動に焦点をおいた運動遊びを大いにさせ，その遊びのなかで自然に筋力，心肺機能を高め，身体の発育・発達がなされるように配慮する必要があります。

コラム3-1　幼児体育

　体育は，小学校以上における教科の一つです。体育の目的は大きく分けて2つあります。1つは，体力や運動技術の向上を目指す「体の教育」，もう1つは，身体活動や運動を行うなかで，さまざまな力を養う「身体活動（運動）を通した教育」です。保育では，運動遊びという言葉が多く用いられていますが，その目的は，後者の「身体活動（運動）を通した教育」に近いものがあります。実際には，保育者が運動遊びを提示し，子どもたちがその遊びを楽しむなかで保育のねらいや目的が達成できるよう環境構成を行っています。したがって，教科における体育という概念はありませんが，一部の養成校のカリキュラムや幼児教育の場では，「幼児体育・体育遊び」といった名称を用いている現状もあります。

② 幼児期の体力づくり

　体力を高めるということは，いろいろな運動の技能を身に付け，その技能を使って積極的に遊ぶということです。体力・運動能力の育成に直接的な運動を強制して体力づくりをすることは，幼児期には望ましいことではありません。幼児期の体力づくりのポイントは，いろいろな運動遊びに積極的に取り組むような環境設定や，幼児が運動（遊び）を継続して長時間続けられるような運動の習慣づけ，そして，運動に対する興味や関心をもたせることが重要なポイントになります。多くの運動遊びを経験することにより，遊びの発展性というものを自らが知り，自分にできる技能は何かということを幼児に気づかせることが大切です。

③ 基本の動作

　表3-2は，基本的な動作とその分類です。84種類ありますが，動作を大きくわけると体のバランスをとる動き，体を移動する動き，遊具などを操作する動きに分類されます。ほとんどは就学前までに一度は動作体験をします。これらの基本動作を，繰り返したり，組み合わせたりすることにより，一連の運動動作（走る動作，跳ぶ動作，投げる動作）が発展し，運動技能（走・跳・投技能）の獲得につながっていきます。これらの基本の動作を保育の活動のなかで，どのように経験させるのかが非常に重要です。動作の内容に偏りはないかなどの観察も必要であり，多種多様な動作を経験させることが重要です。

表3-2 基本的な動作と分類

カテゴリー	動作の内容	個々の動作		
Stability（安定性）	姿勢変化平衡動作	たつ・たちあがる かがむ・しゃがむ ねる・ねころぶ まわる ころがる	さかだちする おきる・おきあがる つかみかさなる・くむ のる のりまわす	わたる わたりあるく ぶらさがる うく
Locomotion（移動性）	上下動作	のぼる あがる・とびのる とびつく	とびあがる はいのぼる・よじのぼる おりる	とびおりる すべりおりる とびこす
	水平動作	はう およぐ あるく ふむ	すべる はしる・かける・かけっこする スキップ・ホップする 2ステップ・ワルツする	ギャロップする おう・おいかける とぶ
	回避動作	かわす かくれる くぐる・くぐりぬける	もぐる にげる・にげまわる とまる	はいる・はいりこむ
	荷重動作	かつぐ ささえる はこぶ・はこびいれる もつ・もちあげる・もちかえる あげる	うごかす こぐ おこす・ひっぱりおこす おす・おしだす おさえる・おさえつける	つきおとす なげおとす おぶう・おぶさる
	脱荷重動作	おろす・かかえておろす うかべる	おりる もたれる	もたれかかる
Manipulation（操作性）	捕捉動作	つかむ・つかまえる とめる あてる・なげあてる・ぶつける いれる・なげいれる	うける うけとめる わたす ふる・ふりまわす まわす	つむ・つみあげる ころがす ほる
	攻撃的動作	たたく つく うつ・うちあげる・うちとばす わる	なげる・なげあげる くずす ける・けりとばす たおす・おしたおす しばる・しばりつける	あたる・ぶつかる ひく・ひっぱる ふりおとす すもうをとる

出典：体力科学センター調整力専門委員会体育カリキュラム作成委員会「幼稚園における体育カリキュラムの作成に関する研究」『体育科学』8，1980年

第2節　運動遊びの指導

学習のポイント

● 保育における運動遊びの意義について理解しましょう
● 知的能力の発達と運動遊びの関連性についてまとめて
　みましょう

1 幼児の遊びとは

　子どもの生活は，遊びを中心としたものであり，いろいろな遊びのな
かで経験を重ね，それを通して身体的・知的・情緒的・社会的発達が期
待されます。遊びについてはいろいろな定義がありますが，幼児の遊び
は次のようにとらえることができます。

　①幼児の自発的活動

　子どもの心理的側面から遊びの本質を考えると遊ぶこと自体が目的で
す。遊びに夢中になり，時間が経つのも忘れるといった，幼児期特有の
活動といえます。鬼ごっこを例に挙げると，追いかける，逃げるといっ
た動作をヘトヘトになるまで続けます。この場面では，走る動作をひた
すら行うことにより，身体の発達は促され，活動（運動）欲求の満足感
を獲得することにつながります。

　②幼児自ら活動し，発見することによって展開される活動

　子どもは，遊びのなかで何がおもしろいと思っているのかを考えてみ
ましょう。数名の子どもたちが大型積み木を積み重ねていく遊びを想像
してください。積み木は，ある高さまでくると不安定になり，崩れ落ち
てしまいます。そこで子どもたちは役割分担をします。積み木を積み上
げていく子ども，横から支える子どもといった感じです。積み木を落下
させないといった共通の目的をもった遊びに集中し，探索しながら遊び

を進めていくことになります。このとき，幼児は思考をめぐらし，創造力を発揮しながら，自分の思いを伝えたり，互いの考えを出し合ったりする過程で精神面での成長を促すことになります。

③幼児の知的な欲求を満足させる活動

②の発見によって展開される活動とも関連しますが，子どもはさまざまな遊びの場面で思考力を働かせます。遊具の一つであるすべり台は，通常上から下に滑り降ります。しかし，子どもは下から上に登っていく，腹ばいになって滑り降りるなど，さまざまな遊び方を工夫します。すべり台という遊具を通して物的環境とどう関わっていくのか，すべての環境との関わり方を発見することも知的好奇心が芽生えるきっかけとなります。

2 保育のなかでの運動遊び

遊びのなかでも，体全体の動き，手足の操作や協応を必要とする遊びを「運動遊び」といいます。運動遊びを通して，子どもたちは身体機能の発達や運動技能を獲得し，自ら遊びを発見し，工夫することで知的な欲求や動的欲求が充足されてきます。子どもたちが自主的，自発的にルールや役割分担など工夫しながら遊ぶことで，総合的な発育・発達を促すことにつながっていきます。保育者は，運動遊びのねらいを反映させた保育活動を展開するために，環境を整備することが最も重要です。

運動遊びは，子どもたちの強い運動への欲求を満足させながら，適切な指導によって身体的な能力を高め，また，子どもたちの生活を豊かにし，遊びに規律を与え，友だちと仲良く遊んだり協力したりする態度を育て，運動施設や遊具を大切に扱いながら上手に活用できる力を育成するといった総合的な活動ともいえます。そして，子どもは自分の運動技能を試し，その成功の喜びを通してその運動を繰り返し行っていきます。その結果，より機能する体（身体）がつくられていくことになります。

以上のように，幼稚園や保育所における運動遊びというものは，子どもたちが自然にのびのびと活動しているさまざまな遊びを取り入れて，それを教育的な側面から指導することになります。単に体力や運動能力を促進させるだけではなく，子どもたちが多くの経験を通していろいろなことを知り，社会的ルールを身に付けることができるようにする重要な活動といえます。

コラム 3-2　遊　具

　遊具は，大別して「固定遊具と移動遊具」にわかれます。固定遊具は，ぶらんこ，すべり台，ジャングルジム，雲梯，登り棒などです。一方，移動遊具には，三輪車や自転車などの乗り物遊具，積み木やブロックなどの構成遊具，ボールやロープ，フープなどの運動遊具，トランプやかるたなどのゲーム用遊具などがあります。また，固定遊具と移動遊具以外に「大型遊具と小型遊具」といった分類の仕方もあります。鉄棒などは，固定遊具と移動遊具の両方のタイプがあります。保育者の役割として，子どもたちが使う遊具を管理することは，大変重要です。管理するうえで，ぶらんこやすべり台の金属部分のねじの緩み，外れなどがないか，ボールは洗剤でよく洗ってあり，いつもきれいな色で遊ぶことができるかなど安心・安全で衛生的，教育的な視点が必要です。

3　体の発達と運動遊び

　体の大きさと機能とは，平行して発達するものではありません。互いに調和が保たれながら，だんだんと成熟に向けて発達していくことが望ましいといえます。幼児の発達を保障する運動を考えるとき，「どのよ

うな運動をどのくらい，どのような形」で経験させたらよいかということを保育者は意識し，発達をはじめとした個人差に応じた関わりを行っていくことが大切です。現代では減少しているといわれる運動量を遊びのなかで確保すること，この時期に数多くの動きや動作を経験すること，そして，その活動が幼児にとって楽しい遊びであることが重要となります。

4　知的能力の発達と運動遊び

　幼児の知的な能力の発達や，興味，欲求，情動，感情の特徴とそれらの関係を正しくとらえて適切に指導することが望まれます。この時期の子どもの特徴としては，主観的・個別的・具体的ですが，多くの経験を積み，幼稚園や保育所における生活を重ねていくうちに主観的は客観的に，個別的は総合的に，具体的は抽象的な方向へ移行していくものです。幼児は発達するにつれて，大ざっぱな全身運動から，次第に繊細な技能を要するような運動ができるようになり，単純な遊びから次第に知的な能力や，社会性にも富む運動を好んで行うようになります。

1　知覚の発達と運動遊び

　知覚とは，外界からの情報を感覚によって取り入れ，その意味をひとまず理解する働きをすることです。知覚は，感覚の発達を基盤として発達します。感覚の発達は著しく，乳幼児期にはすでに，ひと通りの働きが可能になってきます。しかし，感覚の発達が高い水準に達しているからといって，幼児の知覚はまだ未分化で未熟なために，成人の知覚とは質的に異なる特徴がみられます。幼児は，動作の全体をみていますが，細かい部分まではみていないので，どんな持ち方がよいのか，どんな手の突き方がよいのかまではみることができません。また，子どもたちが散らばっている場所での遊びでは，興味の示し方によっては１か所に集中して他の子どもの行動が目に入らなかったり，全体をみていて一部の

子どもの動きに気がつかなかったりします。そのために，激しい動きを伴う遊びや，移動，揺れたりする遊具での遊びでは，思わぬケガをすることもあります。

② 認知の発達と運動遊び

周囲から刺激として受け取った情報を理解したり，処理したりする知的な過程を「認知」といいます。記憶，思考，言語などの機能を含むものです。2歳から4歳頃までには，周囲にあるものをいろいろなものに見立てて遊ぶようになります。特に乗り物や動物というように動くものに興味をもち，模倣を好み，「ごっこ遊び」が好まれます。ただし，"ごっこ"のなかでは，自己中心的になりやすく，動作についての説明やゲームでのルールと結びつけた作戦などの工夫について理解することは困難です。

③ パーソナリティの発達と運動遊び

パーソナリティは，その人の行動の傾向性をあらわし，幼児期からの発達の過程で形成されていくものです。パーソナリティの形成には，遺伝や身体的要因と環境的要因があるといわれ，特に幼児のパーソナリティの発達には，環境的要因が強いといわれています。幼児期の後半からは，親と子の関わりだけではなく，保育者との関わり方が，幼児のパーソナリティ形成に影響します。また，パーソナリティは，運動への取り組み方，運動を続ける際の意志や持続性といった運動と関連する側面をも多くもっています。一般に活動的遊びを好む子どもの特徴として，情緒的に安定し，積極的で社会性があり，園の生活によく適応し，社会的に安定している傾向がみられます。これに対して，非活動的遊びを好む子どもは，自主性に欠け消極的で社会性にも欠け，情緒的に不安定な傾向がみられます。

④ 社会性の発達と運動遊び

社会性の発達とは，人と人とのふれあいのなかで，人間として生きていくためのさまざまな能力を身に付けていく過程をいいます。幼児期は，

次第に親との関係だけではなく，友だちや親しい他人との間で交渉する機会が出てきます。そして，幼児の間に相互の話し合いややりとりが始まると，一人遊びから数人の友だちと一緒に遊ぶことができるようになります。さらには，集団帰属への欲求といわれるものがあり，家族や友だちの集団の一構成員となって，安定を感じたいという欲求をもつようになり，幼児同士の集団のなかにあることに喜びをもち，仲間外れにされることを嫌うようになってきます。3歳児は，一人遊びを好み友だちとの結びつきが弱く，4歳児になると，盛んに友だちと遊びたがるようになります。この頃は二人遊びが最も多いですが，ここに，仲間づくりが始まり，相手の存在を意識し，主張とともに妥協の必要性も体験します。5歳児になると社会性が急速に発達し，かけっこなどを好み，勝ち負けにこだわるようになります。遊びの種類も多様となり，遊び仲間の数も3〜4人に拡大され，リーダー格の出現，メンバーの定着，ルールの設定など自分たちで遊びの課題を決めて遊ぶことができるようになります。

5 運動技能と運動遊び

運動技能の発達は，体力や運動能力と深く関係しています。進んで次の段階に挑戦したり，自分の能力にふさわしい目標をみつけたりする力も必要となるため，知的能力や社会性の発達とも深く関わってきます。反射運動から意識的運動としての移動運動をスタートする一連の流れは，未熟な運動から習熟段階へ，単一な動作から複雑な動作へと移行し，遊びの内容も，鬼ごっこや，スポーツゲームへと広がり，生活のなかの動作や動きも多様化，複雑化していきます。幼児には幼児なりに，運動技能の種類の多様性と高い水準の技能をもつことが，運動遊びを活発化させることにつながります。

第3節　成長と運動

学習のポイント

- ゴールデンエイジと運動技術との関連性について理解しましょう
- 各年齢における発達の特性とそれにふさわしい遊びについて考えてみましょう

1 運動機能はどのように育つか

1歳頃には，反射運動が次第に消滅し，入れ替わるように随意運動（自分の意思で行う運動）が出現してきます。この随意運動には「感覚器の働き」「脳を含む神経の働き」「筋肉と骨の動き」の3つの要素があり，それぞれが関連し合ってはじめて目的にかなった運動を可能とします。運動を上手に行っていくためには，目や耳といった感覚器で得た情報を脳に伝え，脳はその情報を分析してから，必要な筋肉をどのように使う

図3－1　乳幼児期からの運動発達の様子

おおよその年齢	運動発達の段階	腕の運動（例）
0～1歳	反射運動 外部の刺激によって起こる運動	さわったものをつかむ
↓	↓	↓
1～5歳	基本運動 自分の意思で行う基本的な手や足の運動	手を伸ばす→つかむ→離す
↓	↓	↓
5～10歳	協応運動 異なる基本運動を組み合わせて行う運動	つかむ→投げる
↓	↓	↓
10歳以上	熟練運動 運動機能の向上と思考力によって行う運動	飛んできたボールをジャンプしてキャッチ→ファーストへ投げる

か命令を出します。このような運動を行う一連のプロセスが繰り返され，定着することによって，的確な動きが可能となり，運動能力や運動技能の獲得につながっていきます。保育者は，子どもが，自分の体を意のままに操作できるような遊びや運動の場面を用意することも必要です（図3-1）。

2 多様な運動経験

図3-2 に示す運動技能の獲得過程をみると，0～2歳で獲得される「移動運動の技能（はう，歩くなど）」が，2～6歳の幼児期の「基本運動の技能」のベースになっています。続く5～10歳の児童期に獲得される「スポーツ的・ゲーム的技能」，さらには10歳以降における各種の「スポーツ技能」へとつながっていきます。これらの動作が幼児の遊びのなかでどのように使われているのか，動作の内容に偏りはないのかなどにも注視しながら，多種多様な動きを経験させることが必要です。特に，

図3-2 全身運動の活動の運動技能と体力・運動能力

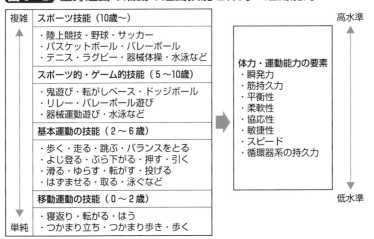

出典：近藤充夫編『領域　健康　三訂版』同文書院，2005年を基に一部改変

幼児期には体全体を満遍なく動かす全身運動を取り入れることが大切です。運動能力の要素のなかでも，調整力や，バランス感覚といった感覚器の発達を促すような運動を積極的に取り入れていくことが望ましいといえます。

3 ゴールデンエイジ

　人間には運動を身に付けていくうえで最も適した時期があります。「スキャモンの発育曲線」を思い出してみましょう。人間が20歳になった頃の発育を100％とした場合の成長による変化率を「一般型，神経型，生殖型，リンパ型」の４つに分けてグラフ化しています（図2-1 参照）。なかでも「神経型」と呼ばれる運動神経・感覚等神経系統の成長率をあらわす線は，幼児期から急激に伸びます。運動神経がよくなる，各種スポーツが上手になるための大切な時期として，ゴールデンエイジはさらに３つの時期に分類されます。

■ プレゴールデンエイジ（３～８歳頃）

　プレゴールデンエイジとは，ゴールデンエイジに入る前の３～８歳の頃を指します。この時期は，スキャモンの４つの分類のなかで最も成長が速い神経型にポイントをおくことが大切です。運動における多種多様な動作を経験し，基本的な運動動作を身に付けておくべき時期であるといえます。具体的には，この時期にさまざまな刺激を与え，運動の基礎を経験しておくことで，ゴールデンエイジでの運動能力の身に付き方に差が出るともいわれています。プレゴールデンエイジにあたる幼児期は，子どもの育ちを見極め，個性や能力を十分に引き出すことを意識した保育が求められています。また，子どもの運動能力の低さ，体力不足が心配されるようになった近年，特に，運動能力が知能の発達にも影響があるとの指摘もあり，幼児期の運動能力を伸ばすのに効果的な「コーディネーショントレーニング」にも注目が集まっています。表3-3 にコー

表3-3 コーディネーショントレーニング

	能　力		運動（動作）例
①	識別能力	手や足，道具を目的に合わせて操作できる能力	ボールを速く投げたりゆっくり投げたりする
②	定位能力	ボール，相手や味方などと自分の位置関係や距離などを把握する能力	人とぶつからずに走る
③	バランス能力	必要な体勢を保つ能力	空中でボールをキャッチして乱れずに着地できる
④	リズム能力	リズムに動作のタイミングを合わせられる能力	縄跳びをリズムよく跳ぶ
⑤	反応能力	合図に素早く反応する能力	合図と同時にスタートがきれる
⑥	変換能力	状況に合わせて動作を素早く切り替える能力	バウンドが変わったボールを捕球する
⑦	連結能力	関節や筋肉の動きをつなげ，スムーズにタイミングよく動かす能力	移動してボールを取り，すぐに投げる

ディネーショントレーニングで獲得できる諸能力と運動（動作）例を示しています。

　コーディネーション能力とは，たとえば「鬼ごっこ」で素早く逃げる走力やピタッと止まる姿勢制御動作，「サッカー遊び」でボールを巧みに操る操作能力などがこれにあたります。これらの動作はすべて"脳"が動作判断（コーディネート）を瞬時に行っているのです。

2　ゴールデンエイジ（9〜12歳頃）

　ゴールデンエイジとは，自分が思ったように自分の身体を動かせるようになる時期のことです。この時期は，スポーツにおける複雑な技術をスムーズに習得できる貴重な時期といえます。また，脳（頭脳）が柔らかく，体つきもしっかりしてくるこの年代の子どもは，どんな運動も見よう見まねですぐに実践できる「即座の習得」が可能になるのが大きな特徴です。大人は頭で考えてから動こうとしますが，この時期の子ども

は，パッと見ただけで脳が複雑な動きや技術を把握し，即座に身体に伝えることができます。たとえば，子どもの頃に自転車の乗り方を習得すれば，大人になっても乗ることができます。それは，この時期に習得した運動能力は身体で記憶することができるからです。一方，呼吸や循環器系をはじめとしたスキャモンの一般型は，完成時（20歳頃）の約50％程度しか発育しておらず，高強度（長時間および高負荷）の運動は，この時期の子どもには適していません。また，身長が伸びている時期は，成長に欠かせない骨（成長軟骨）の保護が必要であり，障害予防のためにも過度の運動は避けるべきです。一般的に，肩関節付近の骨の成長が止まるのが18〜21歳，肘関節は14〜18歳くらいといわれています。成長段階にあるこの年代の子どもに対して，投球回数の制限，体の左右を満遍なくバランスよく使う，1つの種目にこだわり過ぎないことなども運動指導のうえで配慮すべき事柄です。

3 ポストゴールデンエイジ（12〜15歳頃）

　この時期になると，神経系統は90％完成しています。運動神経などの神経系の発達が止まる一方，筋肉や骨格などが大人に近づいてきます。しかし，ゴールデンエイジの時期と比べて短期間で急成長することが難しくなるようなケースもあります。そのため，この時期は，筋力をつけてパワーアップをしたり，反復練習等を取り入れ，基本動作の質を高めるのに適した時期といえます。

　このようにゴールデンエイジは3つの時期に分類されます。各種のスポーツでは，それぞれの時期にあった練習の方法を考えることが大切です。しかし，一律ではなく，各時期における年齢の範囲はすべての子どもに同じようにあてはまるものではありません。子どもの成長のスピードはさまざまで，±3歳程度の個人差があるともいわれています。そのため，子どもの年齢や学年での判断ではなく，個人の成長にあった指導が必要といえます（表3-4）。

表3-4 発達の特性と経験したい遊び（動作・運動）

		0 歳	1 歳	2 歳
発達の特性		・局所の反射が中心となる時期 ・1歳近くになると，移動運動も可能となる	・一人歩行が活発になる ・運動機能の種類が増える ・繰り返し歩行することにより，体のバランスや姿勢の制御を習得できる ・ものの操作が始まる ・自ら環境に関わろうとする	・転ばずに走る ・階段の上り下りができる ・よじ登る，もぐる，隠れるなどの動作ができる
遊びと環境		・音が出る，明るい色彩のおもちゃで遊ぶことを好む ・身近なものに興味を示し，何でもおもちゃにして遊ぶ ・ふれあい遊びを楽しむ	・一人遊びを楽しむ ・「どうぞ」「ちょうだい」などのやりとりを楽しむ ・ものやおもちゃを見立て，模倣遊びや見立て遊びを楽しむ ・手遊びや音楽遊びを保育者や友だちと一緒に楽しむ	・全身を動かして遊ぶことを楽しむ ・保育者や少人数の友だち同士で走ったり，追いかけたりして遊ぶ ・砂場遊びやままごとを楽しむ ・並行（平行）遊びが見られる
		3〜4歳頃	4〜5歳頃	5〜6歳頃
発達の特性		・基礎的な運動機能が育つ ・多様な動きができるようになる ・自分の体の動きをコントロールできるようになる	・基本的な動作が定着し，上達する ・活動的になり運動量が増える ・環境との関わり方や遊びを工夫しながら，多くの基本的な動きを経験する ・全身のバランスをとる能力が発達し，身近な遊具を使って操作する動きが上達していく	・無駄な動きが少なくなり基本的な動きがさらに上達する ・ドリブルしながら走るというような，基本的な動きの組み合わせができるようになる
遊びと環境		・三輪車を上手くこげるようになる ・縄跳びやジャンプができるようになる ・手遊びなどはリズミカルなものを好む ・動物やキャラクターなどをイメージし模倣して遊ぶ	・片足立ち，片足跳び，ケンケン，スキップなどの動作が巧みになる ・自転車に乗れるなど，大人が行う動きのほとんどができるようになる ・簡単なルールのある遊びに関心をもち始める	・友だちと一緒に体を動かす機会を多くする ・遊具を用いた複雑な動き（簡単なボールゲーム等）やルールを伴う遊び（鬼ごっこ等）を経験する ・前回りや逆上がりなどもできるようになる ・他者と関わりながら工夫して遊びを発展させていく

４　なぜゴールデンエイジが注目されるようになったのか

　以前は，子どもは外で活発に遊ぶことが一般的であり，それこそがゴールデンエイジの時期に必要な運動そのものといえました。そのためゴールデンエイジの重要性を打ち出す必要がなかったのです。このことは日本に限らず，先進国共通の現象ともいわれています。

第4節 指導の実際

学習のポイント

● 「3つの間」問題について説明できるようにしましょう
● 運動指導を行ううえで保育者が心がけるべきことについて考えてみましょう

1 最近の子どもの実態

　文部科学省が行っている「体力・運動能力調査」によると，現在の子どもの体力・運動能力の結果をその親の世代である30年前と比較すると，ほとんどのテスト種目において，子どもの世代が親の世代を下回っています。一方，身長，体重など子どもの体格についての比較では，親の世代を上回っています。このように，体格が向上しているにもかかわらず，体力・運動能力が低下していることは，憂慮すべき問題といえます（公益財団法人日本レクリエーション協会 HP より）。

2 体力・運動能力を低下させた要因

　子どもが運動不足になっている主な原因として，以下の「3つの間」の減少が挙げられます。
　①時間：学校外の学習活動（塾・習い事等）や室内遊び時間の増加による，外遊びやスポーツの活動時間の減少
　②空間：空き地や公園，路地裏等の子どもが手軽に遊ぶ場所の減少
　③仲間：少子化，放課後の学習活動などにより遊ぶ仲間の減少
　また，ゲームやインターネットの普及などにより，遊びの質的な変化も体を使った外遊びの機会が少なくなった理由の一つと考えられます。

3「3つの間」を解決するために

　前項で挙げた子どもの体力や運動能力の低下の原因①〜③の「3つの間」問題を解決するには，家庭内ではもちろんのこと，幼稚園や保育所などで意識的かつ積極的な取り組みが必要となってきます。

①楽しく体を動かす時間の確保が最重要課題

　幼児期は運動機能が急速に発達し，体の基本的な動きを身に付けやすい時期であることから，多様な運動刺激を与えて，体内のさまざまな神経回路を複雑に張り巡らせていくことの必要性は理解できたことでしょう。

　文部科学省の調査では，4割を超える幼児の外遊びの時間は1日60分未満であると報告されています。また，外遊びの時間が多い幼児ほど体力が高い傾向にあるといった報告もあります。幼児期運動指針では，「1日あたり合計60分以上」を外遊びの時間の目安として示しており，外遊びの時間の確保は急務です。このことからも，多くの幼児にとって幼稚園や保育所は体を動かす貴重な場といえるでしょう。

　図3-3は，4〜6歳の年齢別における外遊びと室内遊びの好みにつ

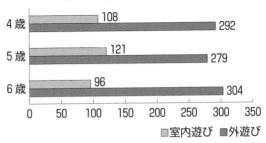

図3-3 年齢別による幼児の外遊び・室内遊びの好み（n＝各400）

注：対象は各年齢400人（男児・女児各200人）
出典：学研教育総合研究所「幼児白書 Web 版　幼児の日常生活・学習に関する調査」2019年

いての調査結果です。調査の結果，全体の7割以上が「外遊び」が好きと回答しています。年齢が上がるにつれ，友だちとの関わりや大人数でルールを設定した遊び（ボールゲーム・各種競争等）を好むことがわかると思います。

②体を動かしたくなる環境と遊び仲間（場所・仲間）

　学研教育総合研究所による2019年および2017年実施の「幼児の習い事」に関する調査結果によると，調査対象児全体の56.8％（2019年），37.9％（2017年）が何らかの習い事をしていると報告されています。2年間で約20％近く習い事をしている子どもの数が増えていました（調査対象は，2019・2017年それぞれ3～5歳（男児・女児各200人）計1,200人）。

　図3-4は，調査結果の上位10位（同順位あり）を示したものです。特に，スポーツ（運動）に関する習い事をみると，「水泳」は2019年22.2％（2017年14％，以下同様）と，いずれの調査年においても第1位でした。続いて，3位「体操教室」2019年11.3％（6.9％），7位「サッカー・フットサル」2019年4.6％（2.7％），8位「ダンス」2019年2.6％（1.5％），9位武道1.4％（1.1％）となっています。このように習い事の一つとしてスポーツ（運動）を選択している対象者が多いことから，大人（保護者）は子どもが体を動かすことの重要性について認識していることが理解できます。遊び場の減少，子どもが体を動かしたくなる環境（場所）や遊び仲間（仲間）がいない実態を憂慮し，スポーツ（運動）を習い事として選択している実態がみえてきます。

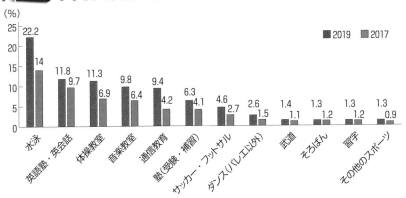

図 3-4 小学校入学前の習い事

注：対象は3〜5歳（男児・女児各200人）計1,200人
出典：学研教育総合研究所「幼児白書 Web 版　幼児の日常生活・学習に関する調査　習い事について」2017年および2019年

コラム 3-3　伝承遊び

　鬼遊びやかくれんぼ，けん玉やコマ回し等に代表されるような，昔から子どもたちに親しまれ伝えられてきた遊びのことを「伝承遊び」と呼びます。人数や場所に合わせて，子ども同士で相談し合いながら進めていける等，伝承遊びには多くの利点があります。なかでも身体活動を伴う鬼遊びは，多くの準備を必要とせず，準備運動的な導入として保育の場でも活用できます。また，伝承遊びのなかには言葉や歌などを口ずさみながら行う遊びも多くあり，文化の継承にもつながる遊びといえます（例：あんたがたどこさ，はないちもんめ，おしくらまんじゅう等）。

---

4 乳児期の遊ぶ環境

　乳児が楽しく遊ぶためには，安全に遊ぶことができる環境づくりが第

一です。保育者は乳児の動きを予測しながら安全の確保に努めます。また，乳児は一人ひとりの生活リズムが異なるため，一斉に遊ぶことはできません。保育者同士が連携をとりながら，一人ひとりの子どもが楽しくできる手指や体を使った遊び（ふれあい遊び等）を行うようにしていきます。０歳児は，身近な大人（保育者）との関係が対人関係の大半を占めている時期です。大人（保育者）とのふれあいを通して，信頼関係をしっかり築くことが，他の子どもとの関わりの基礎となります。

　乳児期は，言葉でのコミュニケーションが難しい時期です。保育者は次の３つの点を理解して子どもとの遊びを展開しましょう。

　①遊びで人と関わる力を育てる

　たとえば，子どもと顔を近づけ，舌を出したりすると子どもは同じ動作（しぐさ）を真似しようとします。これは初期の「引き込み現象」（生体リズムの波長が合う現象）で，異なるリズムが次第に揃っていく様子をいいます。この現象は，３〜４か月頃を過ぎた子どもにとって非常に心地よく，他者に心を通わせるコミュニケーションの出発点となります。

　②子どもの自ら育つ力を大切にする

　乳児期の子どもは，自分が何らかの行動を起こせば，相手が反応してくることを生まれたときから知っています。その反応が面白くて子どもは何度でも行動してきます。保育者は，子どもの自発的な行動を温かく見守りながら関わるようにしましょう。

　③子どもの発達を多面的にみる

　運動面や言語は月齢とともに発達してきますが，それ以上に身振りや動作（しぐさ）は，この時期の子どもにとって，言葉でのコミュニケーション以上の豊かさと世界の広がりをもたらすことになります。

5　運動指導を行ううえで心がけること

　運動は，そのほとんどにおいて「跳び箱が跳べた」「逆上がりができ

た」といった"できる・できない"という結果そのものがみえやすい側面があります。しかし，繰り返し何度も試みることにより，できなかったことができるようになったときの達成感や自信の獲得は，何事にも代えがたく，その経験は，その後に続く運動意欲を育むことになります。一方，"できる"という結果にこだわり過ぎると，運動が苦手な子どもは，「どうせやってもできない…」等，無気力でやる気が出ないことになってしまいます。保育者は，「頑張ってここまでできるようになった」など一人ひとりの取り組みの様子を的確にとらえ，子どもの意欲が持続するような指導を行っていくことが重要です。

6 幼児期運動指針について

　文部科学省は2012（平成24）年3月に「幼児期運動指針」を策定し，全国の約3万5,000の幼稚園，保育所などに指針を通達しました。「幼児期における運動の実践は，……保護者や，幼稚園，保育所などの保育者をはじめ，幼児に関わる人々が幼児期の運動をどのようにとらえ，どのように実施するとよいのかについて，おおむね共有していくことが重要である。（一部抜粋）」と幼児期運動指針策定の意図を挙げています。運動を実施する際，以下の3点をポイントとして掲げています。

　①多様な動きが経験できるように様々な遊びを取り入れること。

　②楽しく体を動かす時間を確保すること。

　③発達の特性に応じた遊びを提供すること。

（文部科学省幼児期運動指針策定委員会，2012年3月）

演習課題

❶ 運動技術と運動技能の違いについて述べてください。

❷ 次の文はゴールデンエイジについての文章です。空欄に適切な言葉を入れてください。

・ゴールデンエイジとは，自分が思ったように自分の（ ① ）を動かせる時期である。

・この年代は，どんな運動も見よう見まねで実践できる（ ② ）が可能になる。

・呼吸や循環器系をはじめとしたスキャモンの（ ③ ）型は完成時の約（ ④ ）％程度しか発育していないため，高強度の運動は適していない。

・この時期は骨の発育が続いており，（ ⑤ ）予防のためにも過度の運動は避けることが必要である。

演習課題解答

❶ 運動技術は運動のやり方であり，人からの指導や動画を見たりして身に付けることができる。運動技術は，運動を実施する環境や用具などの改良によって発展する。

　一方，運動技能はさまざまな知覚を手がかりに状況判断や予測によって運動をコントロールする能力。上手にパフォーマンスができるには，よりよい運動技術を身に付け，繰り返し練習することが必要である（解答例）。

❷ ①身体（体）　②即座の習得　③一般　④50　⑤障害

注

(1)　パーソナリティとは，個人の性格や個性のことである。ラテン語の「ペルソナ（仮面）」に由来し，仮面がその人の特徴をあらわすことから「個人を個人たらしめるもの」という意味。

(2)　自己概念とは，自分自身の今までの経験や認識してきた事柄によって形成される仕組みのことである。自己概念を豊かにするためには「新しい経験の積み重ねとフィードバックを受けること」が重要である。

(3)　知覚とは，外界からの刺激（視覚，聴覚，平衡感覚など）を感覚として自覚し，刺激の種類を意味づけること。たとえば，サッカーでは，ボール，チームの選手，相手の選手といった視野のなかの対象（物・人）から必要な情報を選択し，よりよいパフォーマンスへとつなげる。

(4)　レディネスとは，学習するうえでの準備ができた状態。適時期（適時性）と訳される。特定の行動や知識の習得ができる段階になって初めて，教育や学習が有効になる。レディネスがない状態では，効果がないばかりではなく，成長に悪影響を及ぼすこともある。

(5)　調整力とは，平衡性，巧緻性，敏捷性などの能力をいう。神経系の発達と密接な関係がある。コーディネーション能力ともいわれている。上手だ，運動神経がよい，器用だ，センスがよいなどの表現は調整力が高いことをあらわしており，トレーニングによって高められる。

参考文献

●一般社団法人日本赤ちゃん学協会編『運動・遊び・音楽（赤ちゃん学で理解する乳児の発達と保育 第2巻）』中央法規出版，2017年
●植原清編『役立つ保育・教育用語集』大阪教育図書，2020年
●学研教育総合研究所「幼児白書 Web 版　幼児の日常生活・学習に関する調査」2019年
●川邊貴子編『演習保育内容　健康』建帛社，2008年
●近藤充夫編『領域　健康　三訂版』同文書院，2005年
●民秋言・穐丸武臣編『保育内容　健康（保育ライブラリ）』北大路書房，2007年
　https://www.gakken.co.jp/kyouikusouken/whitepaper/k201908/index.html（2022年8月5日アクセス）
●中野ジェームズ修一『医師も進める子どもの運動』徳間書店，2020年
●森田陽子『0歳児から5歳児　運動遊び12か月（新幼児と保育 BOOK）』小学館，2022年
●文部科学省「幼児期運動指針」2012年
●文部科学省「体力向上の基礎を培うための幼児期における実践活動の在り方に関する調査研究」
　https://www.mext.go.jp/a_menu/sports/youjiki/index.htm（2022年8月7日アクセス）
●幼児運動能力研究会「MKS 幼児運動能力検査について」2008年
　http://youji-undou.nifs-k.ac.jp/（2022年8月7日アクセス）
●幼稚園専門教養研究会編『幼稚園・幼保連携型認定こども園専門教養の要点』大阪教育図書，2022年
●和唐正勝・高橋健夫ほか『現代高等保健体育　改訂版』大修館書店，2020年

第 4 章

生活習慣

・・・

　人間が人間らしく社会のなかで生活していくうえで必要不可欠な身に付けておかなければならないものは，基本的生活習慣です。基本的生活習慣を身に付けていくことは，自分のことは自分で行うことができるという自立性を芽生えさせ，社会の一員として自信をもって生きていく基礎を育てることにつながっていきます。本章では，保育者が子どもたちに生活習慣を獲得させる援助者として必要な基礎的知識について学んでいきましょう。

第1節 生活習慣とは

1 基本的生活習慣とは

　人は，充実した生活を営むために必要な生活上の習慣をもっています。これは，長年にわたる人間の知恵や工夫の積み重ねです。生活に定着している習慣のなかでも，生理的な営みに関わりの深いものを「基本的生活習慣」と呼びます。

　子どもにとって衣食住をはじめとした生活習慣に関わるさまざまな事象は，日々の生活を通して身に付くものです。基本的生活習慣とは，一般的に「食事」「睡眠」「排泄」「清潔」「衣服の着脱」を指します。また，「挨拶をする」「約束を守る」「自分のことは自分でする」などの社会的ルールやマナーに関することも生活習慣と関連して身に付ける必要がある事柄といえます。大人は，子どもの心身が安定し，社会のなかで気持ちのよい生活を送るために必要なことを身に付けさせたいと考えています。これらのことを総称して生活習慣の獲得といいます。

2 園生活における生活習慣

　幼稚園教育要領に示す「健康」の内容の取扱いのなかで「(5)基本的な生活習慣の形成に当たっては，家庭での生活経験に配慮し，幼児の自立

心を育て，幼児が他の幼児と関わりながら主体的な活動を展開する中で，生活に必要な習慣を身に付け，次第に見通しをもって行動できるようにすること[1]」と明記されています。幼いときから社会生活をするうえで大切な食事・睡眠・排泄・清潔・衣服の着脱等の生活面の指導は，子どもの主体性を確保しながら生活習慣獲得に必要な経験を積み重ねる場としての環境設定や言葉がけの工夫が必要となります。また，社会生活上のきまりを守ろうとする道徳心等も芽生えてきます。

　生活に必要な習慣の形成の第一歩は，まず，家庭において行われます。それぞれの家庭で幼児が獲得した生活上の習慣を保育者や他の幼児と共に生活する園（幼稚園，保育所，認定こども園等）のなかで，社会的に広がりのあるものとして再構成し，身に付けていく場として日々の保育があるといえます。

3 保育の場における生活習慣の意義

　幼稚園教育要領の第1章総則，第1幼稚園教育の基本のなかで「幼児期の教育は，生涯にわたる人格形成の基礎を培う重要なもの[2]」と示されています。生涯にわたって健康な心と体を保ち，幸福な生活のための基本的な生活習慣や態度を育て，健全な心身の基礎を培う場として幼稚園や保育所等の役割の重要性を認識し，適切な指導をしていくことが求められます。保育者は，幼児一人ひとりの発達段階に応じた動機づけを行い，見守りと適切な援助に徹することを心がけます。さらには，保護者と連携し，一貫した指導を行っていくことが生活習慣を定着化させるには不可欠となってきます。園での生活は，集団生活を送る場所そのものです。子どもにとって基本的生活習慣を学ぶ環境として園生活は大変意義のあるものといえます。

第2節　園生活における指導

学習のポイント

● 生活習慣の形成過程を子どもの成長と関連づけて理解しましょう
● 生活習慣を指導する際の指導上の留意点についてまとめてみましょう

1 食　事

食事は，生命の維持や成長にとって欠くことのできないものです。同時に「食べる」ことは生活のなかの楽しみの一つであり，家族や友だちと一緒に食べることは人間関係を築いていくことにもつながります。したがって，食習慣は食べることだけではなく，人間にとって欠かせないものといえます。具体的には，「おなかがすいた」というリズムをもつ，食べたいものや好きなものが増えていく，誰かと一緒に楽しく食べたいという気持ちをもたせることが大切です。

■ 子どもの食事についての能力

①スプーンを使って自分で食べる

②箸が使えるようになる

③一人でこぼさないで食べる

④食事についてほぼ自立できる

⑤食事の仕方が身に付き，食事の好き嫌いをしないように努力する

■ 食事に伴う望ましい習慣

①食事前の手洗い

②食事前後の挨拶

③こぼさずに食べる

④偏食（好き嫌い）をしない

⑤食事中にウロウロしない

⑥食後のうがいや歯みがきをする

③　食育の意義

「先生や友達と食べることを楽しむ」という領域健康のねらい及び内容から，自分に温かく接してくれる保育者（教師）と一緒に楽しく食事をすることによって，くつろぎを感じ，友だちとの信頼感も深まっていくものです。したがって園における食育（広義の食習慣の形成）は非常に重要だといえます。

入園時の幼児の食習慣に関する実態はさまざまです。まず，この時期は箸を使っての食事が可能になる時期です。保育者が箸の使い方の手本を示しながら指導していくことも必要です。また，家庭では食べることができなかった食材も，保育者や友だちがおいしそうに食べている姿を見て，自分も挑戦してみようと思ったりもします。園の行事食や季節感のあるものを食材に取り入れることによって，食経験の幅も広がっていきます。さらに，食べることが自分の体の成長につながることも理解できるようになってきます。配慮すべき事柄として，楽しく食事ができる雰囲気づくり，個人差に応じた指導，食事のマナーについては繰り返し行うこと等が挙げられます。いずれの食習慣も受容的で温かい保育者と幼児の人間関係があってはじめて成り立つものです。

コラム4-1　箸と文化

箸は，挟む・摘まむ・切る・ほぐす・混ぜる等さまざまな使い方があります。箸が持てるようになるには，骨や神経系の発達とも関連します。洋食はナイフやフォークを使いますが，繊細な和食には箸が欠かせません。また，栄養的にも優れていることから，和食（日本食）

ブームの広がりとともに，今日では諸外国に住む人々もうまく箸を使える人が増えています。海外へのお土産品としても箸の人気は高く，箸を使うことは文化の継承の一つといえます。子どもたちに，和食や箸について話を聞かせることは，食育や異文化理解といったことにもつながります。

コラム 4-2　甘味を好むのは人間の本能

甘い味のする食べ物はエネルギー源として必要な糖質を多く含んでいます。そのため，身体に積極的に摂取したいという反応が起こります。逆に，子どもの嫌いな野菜は，野菜自体が害虫などから食べられないように苦味や酸味を含む物質を含んでいます。したがって，苦みや酸味を含む野菜嫌いの子どもが多いのは，生物として理にかなった反応といえるのです。

2 排　泄

1 個人差

　排泄の習慣を定着させるには，まず個人差があることを考慮しなければなりません。排泄の自立は，神経系の発達による側面が大きく，無理に行っても効果はなく，子どもに過度の負担を強いることになります。排泄は少しずつ覚えさせる試みが大切です。

　排泄の習慣形成における指導は，以下のような段階的な指導（援助）が必要となってきます。

　①見計らって便器（おまる）をあて習慣化する

　②排泄してから教えるようになる

③おむつを外すことができる

④便意があることを教える

⑤一人で始末までできる

　排泄では，「トイレトレーニング」の目安というものがありますが，個人差が大きく，焦ってはいけません。乳児は，おむつが濡れたり汚れたことを泣いて知らせますが，泣くという行為が排泄の自立を促すことになりますので，2歳前後には排泄を知らせることを目標とします。幼児には夜尿が多くみられますが，3歳半頃を目途に徐々になくなってきます。いずれも個人差があり，失敗したときに叱らないように心がけることが大切です。また，排泄後のお尻の拭き方（男・女児の拭き方の違い），性器の大切さ，肌着の清潔等，排泄に関連した指導すべき事柄は多くあります。

❷　排泄の指導と援助

　幼稚園に入園してくる3歳以上児は，家庭での排泄はおおむね自立できていると思われます。しかし，家庭のトイレではできていても，園のトイレでは同じようにできるとは限りません。トイレの場所や構造も大きく異なり，自由にトイレに行けるようになるまでには時間がかかります。また，活動に夢中になり，トイレに間に合わないこともあります。保育の活動場面の区切りで「トイレに行きたい人は行きましょう」と呼びかけることは，トイレを失敗させない工夫の一つといえますが，それ以外にも自由にトイレに行くことができることを伝え，不安を取り除くことから始めます。

〈援助について〉

　トイレは明るく清潔であることはもちろんですが，子どもが落ち着いて排泄できるような雰囲気づくりも大切です。たとえば，子どもの興味を惹くような動植物の壁面や色使いなどの工夫が挙げられます。

　トイレに行き，実際に使い方について説明を行いますが，指導内容としては以下のようなことがあります。

表4-1 排泄指導のポイント

	6か月未満	6か月〜1歳3か月	1歳3か月〜2歳未満	おおむね2歳
発達の目安	おむつが濡れたことを感じ泣く	おしっこをためられるようになり，おむつが濡れていないこともある	「おしっこが出た」感覚がわかり，しぐさで伝えることもある	膀胱にためられるようになり，自分でトイレに行きたいという気持ちが高まってくる
保育者の姿	おむつ交換 ・手際よい準備 ・交換後の衛生管理 ・子どもに心地よさをスキンシップなどで伝える	おむつ交換 ・気づいたらすぐ交換 ・便の状態に注意 ・トイレやおまるの準備	トイレトレーニングを始める時期 ・子どもの発達に合わせる，強制しない ・少しずつ慣れさせる	トイレトレーニングのメインとなる時期 ・活動の間にトイレへ ・あせらず自立を促す ・園での成功を保護者にも伝える

	おおむね3歳	おおむね4歳	おおむね5歳	
発達の目安	トイレまで我慢できるようになり，自分で排泄できるようになる	ほぼ一人で排泄できる	スムーズに排泄できるようになる，起きているときはほとんど漏らさない	
保育者の姿	トイレでの一連の流れを子どもと一緒に確認する ・トイレの使い方 ・お尻の拭き方 ・手洗い ・失敗した子への配慮	活動の前にトイレに行くことを意識させる ・「できた」ことを認める ・トイレの環境を整える	近くで見守る ・確認と言葉がけ ・トイレマナーの伝達と理解（順番，ドアの開閉，スリッパ，汚した場合等）	

①トイレの入り口でトイレ用のスリッパに履き替える

②入る前にドアをノックする，空いているかどうかを確かめる，自分が入っているときに外からノックされたら合図を返す

③ズボン等の着脱衣（上げ下ろし）

④トイレットペーパー，洗浄機の使い方

⑤水で流す（水量の多少）

⑥終了後の手洗いについては，「なぜ手洗いをするのか」について理解させることを意識し，行うことが大切

　いずれも，子どもの発達や習熟度に合わせて丁寧に教えていくことが必要です。特に入園間もない年少児の場合は失敗も多くありますが，トイレの使用方法の手順に沿って具体的に教えていくようにします。トイレの使用を嫌がったり，一人でトイレに行くことを不安に感じたりする子どもには，焦らずに対応して，保護者と連絡を取り合いながら丁寧に指導していきましょう（表4-1）。

3　睡眠と休息

1　睡眠の必要性

　新生児は，身体機能全般が未成熟なため，1日のなかで何度も「覚醒と睡眠」を繰り返す「多相性睡眠」が特徴です。乳児期に長かった睡眠の時間は，1歳の誕生日を迎える頃には，次第に短くなり，昼夜の区別なく眠っていたのが，主な睡眠は夜間となり，徐々に「単相性睡眠」となります。午睡（昼寝）で睡眠時間を補いながら，だんだんと昼間の睡眠時間が短くなり，昼間は起きている，夜は寝るといったスタイルに変化してきます。表4-2に発達過程における睡眠の量的変化（時間）を示しています。年齢（月齢）により，適切な睡眠時間は異なることから，発達や年齢（月齢）に応じた睡眠の状態を理解しておくことが必要です。十分な睡眠は，昼間の疲労を回復させるだけではなく，適切な睡眠の習

表4-2 発達過程における睡眠の量的変化

年齢（月齢）	睡眠時間
新生児期	16〜20
乳児期（3か月）	14〜15
乳児期（6か月）	13〜14
乳幼児期（1〜3歳）	11〜12
幼児期（3〜6歳）	10〜11
学童期（6〜12歳）	8〜10
思春期（12歳〜）	7

出典：未就学児の睡眠・情報通信機器使用研究班編「未就学児の睡眠指針」愛媛大学医学部附属病院睡眠医療センター，2018年を基に作成

慣づけは集中力や学習能力にも影響してきます。遅くとも，3〜4歳頃までには就寝・起床時間を一定に整えるようにしましょう。2歳前後までは寝つきが悪いといったことが多く起こりますが，良質な睡眠には，日中，十分に体を動かすこと，就寝時に部屋の温度や明るさの調節をはかること，寝かしつけの工夫なども有効です。

近年，脳科学[6]の研究の進展とともに，子どもの睡眠が，認知力，意欲，コミュニケーション能力等と深く関係していることが明らかとなりました。子どもにとって十分な睡眠は，成長や細胞の新生を助ける各種の成長ホルモン[7]を分泌させます。特に「メラトニン」[8]は，脳内の視床下部に作用して情緒や自律神経を安定させる働きをもっています。子どもの睡眠は自然にまかせるのではなく，保護者や保育者が正しい知識をもち，子どもに正しい眠り方を教えることの重要性も指摘されています。

睡眠の習慣は，2歳までにはほぼ完成することが研究によって判明しており，この頃までに規則正しい睡眠の習慣を身に付ければ，生涯にわたって適正な睡眠リズムを保持できることにつながっていきます。夜の就寝時間と朝の起床時間の管理は保護者になりますが，保育者も子どもの睡眠リズムを整え，安心してよりよい眠りを導く存在として重要です。

2 レム睡眠とノンレム睡眠

閉じられた瞼の下で眼球が左右に動くことを「レム」と呼ぶことから浅い眠りのことを「レム睡眠」といいます。夢を見たり，寝返りをうつのはレム睡眠中が多いといわれています。一方，「ノンレム睡眠」は，

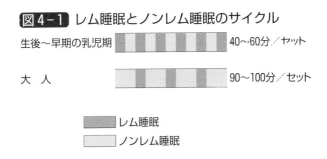

図 4-1 レム睡眠とノンレム睡眠のサイクル

生後〜早期の乳児期　　40〜60分／セット

大　人　　90〜100分／セット

レム睡眠
ノンレム睡眠

眼球が動かないレムでないという意味で，熟睡しているときの深い眠り
を指します。

　レム睡眠とノンレム睡眠は，一晩のうちに何度か交互に繰り返されま
す。子どもがぐっすり眠っているようにみえても目が覚めやすいのはそ
のためです（**図 4-1**）。子どもを起こすときは深いノンレム睡眠中は
避けるようにしましょう。脳の動きが未熟なため，ノンレム睡眠時に起
こされると眠気が残るため機嫌が悪くなったり，ぼんやりとした感覚が
残り，好ましくありません。

3　各年齢に必要な睡眠時間と睡眠の特徴

　表 4-3 は就園状況別の
睡眠パターンです。その特
徴として，

　①未就園児は相対的に寝
　　る時刻は遅いが，起き
　　る時刻も遅いため睡眠
　　時間は長い。

　②幼稚園児は，相対的に
　　寝る時刻が早く，起き
　　る時刻も早いが，睡眠
　　時間は長い。

表 4-3 就園状況による睡眠パターンの
違い

	就寝時刻	起床時刻	睡眠時間
①未就園児	遅め	遅め	長め（10時間台）
②幼稚園児	早め	早め	長め（10時間台）
③保育園児	遅め	早め	短め（9時間台）

出典：鈴木尚子ほか『第3回幼児の生活アンケート国内調
査報告書』ベネッセ教育総合研究所，2005年，p.24

表4-4 幼稚園，保育所，認定こども園の開所時間の比較（2012年と2018年）

	幼稚園		保育所		認定こども園	
	国公立	私立	公営	私営	公営	私営
2012年	7時間9分	9時間21分	10時間57分	11時間51分	—	—
2018年	7時間29分	9時間29分	11時間25分	12時間2分	11時間24分	11時間50分

出典：ベネッセ教育総合研究所「第3回幼児教育・保育についての基本調査——幼稚園・保育所・認定こども園を対象に」2019年を基に改変

③保育園児は，相対的に寝る時刻は遅いが，起きる時刻は早い。睡眠時間は短い。

①〜③の睡眠パターンの違いの要因として，特に保育園児の場合，保育園での午睡時間との関連性や保護者の就業状況が影響を及ぼします。保護者が常勤者の場合，在園時間が10時間に及ぶ（午前8時から午後6時までの場合）子どももいます。近年では，保護者の就労状況にかかわらず，在園時間が長くなる傾向があることも報告されています（ベネッセ教育総合研究所，2019）。

表4-4は，2012年と2018年における幼稚園，保育所，認定こども園の開所時間の比較をしたものです。いずれの園（認定こども園は2018年のみ）も園が開いている時間が長くなっていることがわかります。また私立・私営園の方が開所時間が長いといえます。

④ 睡眠を妨げる要因（眠れない子ども）

空腹や体調が悪いなどの理由がなく，眠れないのは起きている間の生活に多くの原因がありますが，個人差もあります。短い睡眠時間でも熟睡できている，朝の目覚めはすっきりしているか等の観察も必要です。家庭での睡眠の状況を把握するために，連絡帳などを活用しながら保護者とも連携していきます。

⑤ よい眠りを確保するために

心地よい眠りの秘訣は，昼間十分に体を動かし，夜しっかりと寝るメ

表4-5 子どものより良い睡眠のためのポイント

- ・安全な睡眠環境の確保
  新生児期から乳児期は身体のいろいろな機能が発達していく過程であり，安全な睡眠環境を確保する。
- ・保護者の睡眠習慣
  保護者の睡眠習慣が子どもの睡眠習慣に影響する。特に子どもと同じ部屋で寝ている場合は注意する。
- ・保護者の情報通信機器使用
  保護者の情報通信機器使用は子どもの使用につながり，睡眠にも影響する。まずは保護者自身の情報通信機器の使用状況をチェックする。
- ・光と情報通信機器使用
  光は睡眠と覚醒のリズムに影響を及ぼすため，寝る前は，明るい光を浴びないように注意する。
- ・子どもの情報通信機器使用と睡眠
  機器の使用を開始する年齢や子どもの生活のなかでの位置づけを考える。
- ・午睡（昼寝）と夜間の睡眠
  午睡は年齢とともにその必要度が低下する。長い午睡は，夜の睡眠を妨げるので注意が必要。
- ・就学が近づいた時期の睡眠
  就学時期が近づいたら，学校のスケジュールにあわせて調整していく。
- ・睡眠の病気
  子どもの睡眠中の異常は，睡眠の病気（睡眠障害）の可能性もあるため，気になる症状があれば，かかりつけ医や専門家に相談する。

出典：図4-2と同じ

リハリのある睡眠パターンを獲得することが必要です。睡眠に関わる指導すべき事柄として以下のようなことがあります。

①一人寝

②寝巻に着替える

③規則正しい就寝・起床時刻を守る

④歯みがき，排尿をしてから就寝する

⑤「おやすみ・おはよう」の挨拶を行う

上記の睡眠に関わる事項は生活の流れのなかで身に付くものです。子どもが心地よく安心して眠りにつくように大人が環境を整えることが大切です。

　表4-5は，子どものよりよい睡眠のためのポイントを挙げています。園だよりなどを用いて保護者にも適切な情報提供を行うことは，よい眠り（安眠）を確保するためには有効な手段といえます。

6 午　睡

　2歳頃までは午前と午後に各1回午睡をしていた幼児も，4歳頃には午後1回の午睡になり，4歳後半からは，午睡をしなくても活動するようになります。午睡が原因で夜，遅くまで起きているなど夜間の睡眠に影響を及ぼすこともありますが，暑い時期や運動会の練習等，外での活動が多いときは，疲労度も大きいといえます。この時期は年齢に関係なく，午睡をさせることが望ましいでしょう。園で午睡をとって休息しながら，体を発育させ，リズムを整える必要があるのです。ときには食事中に寝てしまう子どももいます。お腹が満たされてくると，脳の働きも鈍くなり，食事の最中に眠ってしまうのです。そのようなときは，無理に食事を続けさせようとせず，途中でやめて仮眠をさせ休ませるようにします。

〈保育者の援助〉

　①トイレに行き，着替えをさせる

　トイレに行き，パジャマや眠りやすい服装に着替えさせ，ゆったりと眠れるようにするとよいでしょう。睡眠までの流れを定着させることで，午睡に意識が向きやすくなります。

　②読み聞かせなどをする

　子どもがリラックスできるよう読み聞かせをするのもスムーズな入眠には効果的です。しかし，子どもが興奮してしまうような内容は，かえって眠れなくなってしまうこともあります。落ち着いた静かな声で読み聞かせを行うように心がけましょう。

③子どもが寝る場所は，いつも同じにしておくと，安心して眠ることができます。子どもによって場所を決め，布団などを敷くようにします。

④午睡中の保育者の見守り

午睡中，保育者は常に子どもの様子に目を配り，見守ることが非常に重要です。子どもはよく動くので，布団からはみ出したり，寝返りによって他の子どもに覆いかぶさったりと注意が必要です。また，夢を見て泣き出す，途中で目を覚ますなど，すぐに対応することが求められます。子どもが起きたときには，優しく声をかけたり，触ったりして安心させます。

⑤眠らない（眠りたがらない）子どもは，無理に寝かせなくてもよいでしょう。午睡はしなくても，体を休めることの大切さを教えながら，静かに過ごすスペースを設ける等の環境づくりが必要です。

⑥年長児では，布団を敷く，シーツをかける，カーテンを閉める，起きた後は，毛布やタオルをたたむ等，午睡時の準備や片づけを自分たちでできるように指導します。目覚めた後の着替えなど身支度も意識して自主的に行うことができるよう援助していきます。

７　休　息

昼食後や外遊びの後は休息が必要です。子どもは，疲労の自覚がなく，帰宅後に発熱などの症状が出ることもあります。活動の合間には休息をとる時間を確保しておくことが必要です。汗を拭く，水分補給，衣服の調節など園生活のなかで自分の身体の状態や様子に気づかせることも大切です。身の回りを整えた後は，音楽を聞く，絵本の読み聞かせ等の静的な活動を取り入れたプログラムは心と体を休めるには効果的といえます。

4　衣服の着脱

1　衣服の着脱の意味

　人が衣服を身に付けるのは身体を保護するためです。体温調節，皮膚の保護，衝撃から身を守るクッション効果等です。新生児期から始まる衣服の着脱（着替え）は，子どもとのスキンシップを図る絶好のチャンスといえます。「着替えると気持ちいいね…」等と声をかけることにより，身体が清潔になる"快"を子どもは感じていきます。保育者の言葉がけにより，その後の衣服の着脱への関心につながっていきます。

　衣服や靴の着脱は，個人差と性差，保護者や保育者の支援方法等により達成時期は大きく異なりますが，着やすいもの，履きやすいものを準備することが必要です。子どもにとって，衣服の着脱はかなりの時間を

要します。まずは，脱ぐことに興味をもち始めた時期が，衣服の着脱を
スタートさせるきっかけとなります。衣服の着脱は，正しく衣服を着用
すること，暑いときには脱ぐこと，炎天下では帽子を被ること等，季節
や気温変化により，自分で衣服を調節することができるまで定着化させ
なければなりません。その後は，自分の衣類をたたむ等の管理まででき
るようになることが到達目標といえます。

② 新生児の衣服の着脱

　新生児は新陳代謝が活発です。おむつ，肌着，衣服の着脱衣は，交換
の適切な手順が必要となってきます。

・手　順
　①新しい衣服の上に肌着，一番上におむつを用意しておきます。肌着
　　の袖は衣服に通しておきます。
　②服を脱がせるときは，衣服の内側から脱がせる方の肩関節と腕の肘
　　を軽く支え，もう一方の手で袖を抜きます。
　③子どもを新しい衣服の上（①）に寝かせます。
　④おむつを体の形に添うようにあてます。
　⑤衣服の袖を通すときは，袖口から大人が子どもの手を迎えにいくよ
　　うに袖を通します。
　⑥子どものお尻をもち上げ，衣服のしわやたるみをなくし，ひもやボ
　　タンを留めます。

③ 衣服の着脱の発達過程

　着脱衣としては，2歳頃から一人で脱ぐことができるようになります。
そして4歳前後になって着ることができるようになりますが，個人差も
あります。着脱衣に時間がかかると，保育者が主導して行うことが多く
なりますが，発達段階に合わせて子どもが着脱しやすい服を選ぶ等の工
夫も必要です。衣服の着脱は，体温調節や清潔の習慣を身に付けるとと
もに，「できた」といった満足感を子どもが得ることができるように楽
しく進めていくのも効果的な指導法です。たとえば，シャツを2枚用意

します。「どっちにしようか…」と尋ね，子どもが選んだ服の色や絵柄などを言葉にして語りかけます。また，子どもは「バンザイ」等の動作をあらわす言葉も理解できるようになってきます。

4 着脱をスムーズに行うための環境構成

衣服の着脱は，毎日の習慣として定着させたい習慣の一つです。定着化させるためには，子どもが取り組みやすい環境づくりが欠かせません。

①着脱しやすい服を用意する

ズボンは，ウエストがゴム紐のもの，ファスナーがついていないもの等です。上着は伸縮性があり，襟や袖が広がりやすい，前後がわかりやすい等，子どもが着脱しやすいものにします。

②着る順に床に並べる

子どもが着やすいように，下着→シャツ→ズボンなど順番に床に並べておくとよいでしょう。

③着替え用の椅子を用意する

着替える際に，転倒などの危険がなく，安心して着脱ができるよう椅子や低い台等を用意します。下着を着替えさせるときは，お尻が椅子に直接触れるため，衛生面にも配慮する必要があります。

④楽しく着脱するための工夫

自己主張が強くなってくる時期には，服の好みやこだわりがあらわれてきます。「○○どっちがいいかな」と選択肢をつくり，子どもに選ばせるとよいでしょう。最近では，ボタンかけやファスナーの開閉動作等を用いた玩具が商品化されていますが，昔からある人形などの着せ替え遊びは自分でも着替えをしてみたいという意欲にもつながっていきます。

⑤幼稚園における着脱指導の留意点

保育所では，着脱の機会は多いといえますが，幼稚園の場合，入園までにどの程度の自立ができているかは，家庭によって大きく異なります。なかには，保護者の手ですべてなされ，されるがままでよかったという子どももいます。幼稚園での衣服の着脱の機会は，排泄以外ではあまり

多くありません。したがって着脱の経験差が大きく，幼稚園入園後，過保護に気づく親も見受けられます。

5 清　潔

■1 清潔の習慣を獲得する意味

　身体や身の回りの環境を清潔にしておくことは，生命維持と社会適応への第一歩といえます。

　大人は意識せずに行っている習慣ですが，子どもにとっては最初は知らないことばかりです。心身が著しく成長するこの時期に，清潔に過ごす習慣をしっかりと身に付ける必要があります。「清潔＝きれいなことは快適で気持ちがよい＝身体によい」ことだと子どもに覚えてもらうことが大切です。逆に，「きたないこと＝気持ちが悪い＝身体によくない」ことは避ける，行わないといったことを自然にできるようにしていきます。清潔は，自分自身の健康を守る，病気の予防ばかりではなく，他人に不快感を与えるといったことから，特に重要な習慣の一つであることを子どもにも理解させることが必要です。一例として，1歳前後までは，手洗いは大人からやってもらう，そこから手助けを受けながら手を洗う，さらに，汚れたり気になったら自ら手を洗うといった流れで手洗いの習慣を定着させます。「きれいになったね」「とっても気持ちいいよね」等の言葉がけをすることにより，"快と不快"を身をもって理解できるようになっていきます。清潔の習慣化は，大人がやることによって見本（手本）を示すことからスタートします。急ぎ過ぎず，習慣が定着化するように見守っていくことが重要です。清潔に関する習慣の主な内容としては，「一人で手や顔を洗う」「うがいや歯みがきができる」「ハンカチやタオルを使うことができる」「頭髪をはじめ手足の爪等を清潔にすることに関心をもつ」等が挙げられます。

2 手洗い

　手洗いは，食事の前後，排泄後，外遊びの後など1日のうちに何度も必要です。正しい手の洗い方，服に水がかからないよう袖をまくる，適量な水の出し方，石鹸の量，正しい手洗いの順番，ペーパーやハンカチを用いての手拭き法等，教えることは多くあります。正しい手洗いができるように知識の定着を図りながら楽しく手洗いが行えるようにしたいものです。

3 洗顔

　朝，顔を洗うのは，1日のスタートを迎えるために，夜，顔を洗うのは，1日の汚れを落とすために行うものです。1日の始めと終わりに顔を洗うことを抵抗なくさせるためには，顔に水がかかることを嫌がる子どもに対しては水の温度を調節する，洗面台の高さを子どもが使いやすいように踏み台を置く等，積極的に顔を洗うための環境づくりも必要です。

4 歯みがき

　歯の衛生面に関する知識の普及とともに，園においても昼食後の歯みがきは当たり前となってきており，1日に3回以上の歯みがきの習慣はほぼ定着しています。歯みがきは，3歳くらいまでは，自ら完全にみがくことはできないため，大人が最後にみがいてやるのが望ましく，歯みがきを行う機会を利用し，歯の健康に関する知識や歯みがきの重要性を理解させながら，ときには，歯みがき関連の音楽を流すなど，子どもたちが楽しみながら歯みがきができるような環境設定も必要です。

5 うがい

　さまざまな感染症を予防するためにも，うがいは必要です。外から帰ったら，うがいと手洗いはセットで行うことを定着化させたいものです。歯みがきが十分にできない年齢の子どもにとって，うがいは歯みがき習慣の前段階として家庭においても指導されていると思われます。園では，「ブクブクうがい」と「ガラガラうがい」の違い等について説明

することにより，用途に応じたうがいの仕方を身に付けさせたいものです。うがいも手洗いと同様に，子どもが使いやすいよう手洗い場を整備することが必要です。

⑥　鼻かみ

　自分で「鼻をかむ」までにはそれなりの時間を要します。まずは，鼻が出たらこまめに大人が拭くことを行い，「鼻が出たら気持ち悪い」といった不快感を覚えさせることが大切です。正しい鼻のかみ方ができるようになれば，子ども自らがいつでも鼻をかむことができるように，保育室や遊戯室などにティッシュの箱を置くことや，かんだ後に捨てるごみ箱を置くことも必要です。

⑦　髪の毛

　1歳頃から大人の真似をして髪をとかすしぐさをします。大人が鏡を見ながら髪をとかしている姿を真似ているのです。朝，起きたままの寝ぐせや乱れがあるまま登園させることはあまり好ましいものではありません。歯みがきや顔を洗う，着替えるなどの一連の流れのなかで髪の毛を整えることも定着させるべき習慣の一つといえます。

⑧　入　浴

　入浴は1日の汚れや疲れを落とすことにより，快適な睡眠につなげるために必要です。大人が一緒に入浴し，浴槽に入る前にはシャワーなどで洗い流す，体を洗う，洗髪の仕方など身に付けることが多くあります。最初は，顔に水がかかることを嫌がる子どももいますが，幼児用の洗髪用品などを用いることも効果があります。

⑨　爪の手入れ

　爪の手入れは，手洗いのときに，爪の中の汚れを確認させ，きれいにする意味を理解させることから始まります。外遊びや製作等により爪の中に異物が入ることに気づくことが大切です。また，爪が伸びていたら自分の顔や友だちを傷つける危険性も合わせて教えるようにします。そのためには，定期的に爪を切ることを習慣化させます。ただし，爪の手

入れは，自分でできるようになるまでは，足の爪も合わせて大人が注意し，手入れしてやることが必要です。

⑩ 汗拭き

　子どもは，新陳代謝が盛んであり，運動量が多いなど，発汗量は成人の約２倍です。昼間の活動時だけではなく，就寝中も多量の汗をかきます。大人と違って，遊びに熱中しているとき，汗が流れっぱなしでも子どもは気にしていないことが多く，保育の場で，１日複数回の着替えを行わせていることは，汗が出たら着替えることを教える目的の一つとなっています。汗をかいたら，着替える以前に自分で汗を拭く習慣を身に付け，また，気温変化により上着を脱ぐ等，衣服の調節もできるようにさせたいものです。いつでも手軽に汗を拭くことができるよう清潔なタオルやハンカチなどを常にもたせることも大切です。

⑪ 身の回り

　清潔を保つためには，持ち物にも配慮する必要があります。ポケットの中にはハンカチやティッシュを入れておき，必要なときは子ども自らが取り出して使うなどの習慣化も必要です。また，絵本やおもちゃ，楽器等を使う際には，手洗い後のきれいな手で扱うようにします。さらに，感染症予防の観点から，子どもが口にもっていきやすいおもちゃは，使用前後には消毒するようにします。

6 整理整頓（片づけ）

　自分で片づけようとする意識は，子どもが自立するうえで大切です。どんな活動にも，活動の前には「準備」があり，活動後には必ず「片づけ」があることを知らせることが必要です。子どもは，十分に活動した後は満足感や達成感を得て，積極的に片づけにも取り組んでいきます。

　園で使う子どもの持ち物には名前を明記します。また，個人の棚や物入などは，シールやしるしをつける等の工夫をし，個人の場所として尊

重し合いながら整理整頓させることも片づけの意識化には効果的です。園にある教材や道具類は，置き場所を一定にしておく必要があります。いつも決められた場所にものが置かれていることは，自分の回りが片づいてきれいになっていることの気持ちよさを実感でき，子どもの自発的な整理整頓の習慣につながっていきます。そして，活動の後には保育者や友だちと協力しながら片づけの定着化を図ります。「みんなでお片づけしようね」と，保育者もおもちゃを元の場所に入れながら，片づけの手順などを伝えていくようにします。ロッカーや棚なども整理整頓しやすいように，置く場所やサイズなども子どもに合ったものを準備することが必要です。園という集団の場で，自分の場所があり，整理整頓することで，集団のなかでの個人の生活の仕方を学ぶことは非常に重要です。

7 姿　勢

　立つ，座る，腰掛ける等いろいろな場面で正しい姿勢がとれることは，発育・発達面において重要で，全身運動の土台がしっかり育つことにつながります。また，きちんとした姿勢がとれることは，精神的な安定や，長時間物事に集中できるなどの利点もあります。特に，園での室内活動は，机と椅子を用いる場合が多くあります。なかには身長に合わない椅子に座っているため，好ましくない姿勢で活動している子どもも見受けられます。食事や絵を描く，本を読む際に姿勢に気をつけることは，近視や猫背の予防にもつながります。したがって，可能な限り，子どもの身長に合った机と椅子を用意することが望まれます。

8 挨　拶

■ 挨拶の変化（意識の変化）

　言葉の意味の理解度，保育者や友だちとの関わりを通して，挨拶はで

きるようになっていきます。挨拶の発達過程を以下に示します。

・反応する

2歳頃までは，挨拶の意味をほとんど理解していませんが，「バイバイ」と手を振ると，同じように動作をします。

・恥ずかしくて言えない

慣れるまでは，緊張や人見知りから挨拶をされても，隠れたり無視したりします。

・意識して言おうとする

保護者や保育者が挨拶を交わしている姿を見て意識はしますが，通常は小声で言う傾向があります。

・みんなで言える

「いただきます」「さようなら」など大勢で一緒に行う挨拶は，元気な声で言うことができるようになってきます。

・場に応じた挨拶ができる

場面や状況に応じた挨拶を覚える時期です。「ありがとう」「ごめんなさい」などは，大人が促すこともよくあります。

・きちんと挨拶ができる

言葉と動作が一緒になってできるようになってきます。たとえば，「こんにちは」と言いながら頭を下げるなどです。

2　きちんと挨拶ができるようになるために

挨拶の習慣を身に付けるには，周りの環境が大切です。保育者自らが元気に挨拶をして，お手本になることが大切です。挨拶は，誰かに頼んだり，何かをしてもらったりしたときに，相手へ（感謝など）の気持ちを込めて伝えるなど，「あいさつの意味」を子どもが理解し，心からそう思えるような挨拶ができるように援助することが大切です。

第3節 生活習慣獲得のための課題

学習のポイント

- ●子どもの生活リズムが乱れる原因について考えてみましょう
- ●生活習慣獲得の目安を再確認しましょう

1 生活リズム

　起床から就寝までが1日の生活です。家庭→園→家庭といった異なる場所で日々過ごす子どもにとって，リズムを確立させていくことは大変です。特に，家庭で過ごす時間は保護者の生活形態によっても異なり，その影響は少なくありません。子どもにとって好ましいリズムをつくるためには，家庭だけ，園だけで区切って考えるのではなく，1日の流れとして考えることが必要です。「保育所における保育は，保護者と共に子どもを育てる営みであり，子どもの一日を通した生活を視野に入れ，保護者の気持ちに寄り添いながら家庭との連携を密にして行わなければならない」（厚生労働省，2018，p. 14）と『保育所保育指針解説』のなかで述べられています。保育者は，家庭での子どもの様子を把握するためにも，生活リズムの重要性を保護者に伝えることが大切です。

2 生活習慣の獲得を目指して

　いずれの生活習慣も，大人による全面介助（援助）の時期をへて，自立に向かっていきます。個人差はありますが，ある行動とその行動の必要性を理解（なぜ，○○が必要か）し，年齢とともに多くの生活習慣の獲得が可能となってきます。保育者の言葉がけと愛情で生活習慣を根気

図4-2 生活習慣獲得の心のプロセス

活動(生活習慣)への意欲・好奇心 → 保育者(大人)の模倣 → 活動(生活習慣)獲得 → 活動(生活習慣)獲得の喜び・共有

やってみたい → 少しできた → 昨日より上手くできた → できた → 爽快感 達成感 自信等

表4-6 生活習慣獲得の目安

年(月)齢	6か月未満	6か月～1歳	1～2歳頃	2～3歳未満	3～4歳頃	4～5歳頃	5～6歳頃
食事		・スプーンを握る ・手(指)でつまんで食べる	・スプーンで飲む ・茶碗を持つ	・スプーンと茶碗を両手で持つ ・箸の使用開始 ・あまりこぼさずに食べることができる	・一人で食べられる ・遊び食べがなくなる	・箸使いが上手になる ・好き嫌いが出る	・嫌いなものを食べようと試みる ・食べ物の栄養等についても理解し始める
排泄			・排便,排尿を知らせる ・日中,おむつが不要な子どもが出始める	・排尿がおおむね自立する	・夜尿がほぼなくなってくる	・排便が自立する	
睡眠 (休息)	各年齢(月齢)に応じた睡眠と休息を確保する						
着脱			・一人で脱ごうとする ・着脱に興味をもつ	・一人で着ようとする ・パンツをはく ・帽子を被る	・ズボンをはく ・シャツを着る ・靴下をはく ・ボタンをかける ・一人で脱ぐ	・一人で着る	・ひもが結べる ・暑さ,寒さの調節ができる
清潔			・手を洗う ・泡石鹸の使用ができる ・口をゆすぐ ・歯みがきの動作をみながら試みる	・顔を洗う ・うがいができるようになる ・顔を拭く	・歯みがきの自立	・髪をとかす ・鼻をかむ	
整理整頓			・大人の模倣をする ・保育者の指示に従うことができ始める	・記憶や理解が進む ・おもちゃを片づける	・おもちゃ以外のもの(自分の衣服等)も片づける	・片づけることの理解が進む	
挨拶	・顔の判別 ・人見知り	・あやしてもらうとうれしさや恥じらいを感じる ・バイバイをする		・促されると挨拶をする	・「おはよう,おやすみ」などの挨拶ができる ・知っている人に挨拶できる	・場を察して挨拶できる	
保育者の姿	・してみせる,してあげる,一緒にする			・できないところを援助する	・困ったところを援助する ・きっかけやヒントを提案する	・任せる,見守る,助言する	・子どもの興味を引き出す情報提供 ・言葉がけ

よく身に付けさせていき，「爽快感と達成感」の喜びを本人に確認させながら行えば，早期に身に付けることができ，積極的な行動が期待できるようになります（図4-2）。

　さまざまな基本的生活習慣を獲得するには，身体機能上の発達に加えて，獲得しやすい時期（レディネス）に効果的な指導を行っていくことが最も重要です。表4-6は，各生活習慣の獲得の目安を示したものです。再確認してみましょう。園では，多くの子どもを対象としているため，画一的な指導になりがちで個別の配慮に欠ける場合もあるかもしれませんが，可能な限り，日々の子どもの健康状態や成長の度合いを把握し，見守っていく姿勢が求められます。そして，保護者には園での様子や活動を報告し，協力を得られるよう信頼関係を築いていきたいものです。子ども一人ひとりの成長を見守り，自発的な活動を促すことが生活習慣の獲得には何より重要です。

演習課題

　生活習慣（食事，排泄，睡眠，着脱，清潔，整理整頓）を指導する際の留意点を挙げてください。

演習課題解答

食　事	・おなかが空いた状態でテーブルに座る習慣づくり 　（生活リズムを整える，十分に活動する） ・楽しく，おいしく食べることが基本
排　泄	・習慣の形成には個人差があり，個別対応が必要 ・環境変化や心理的要因に左右されることを認識しておく ・失敗を気にしない ・入園当初の指導が大切

睡　眠	・すべての活動（特に園外）時にトイレの場所を確認 ・睡眠の習慣は起きている間の生活に原因があることが多い ・午睡や夜の睡眠は，家庭（保護者）との連携が大切
着　脱	・援助の範囲（自立と手助け）を考える ・毎日の繰り返しで身に付く ・間違いを指摘するだけでなく，できたことを認める
清　潔	・清潔にする行為の意味を理解させる ・気持ちよさを体感させる（清潔の感覚を育てる）
整理整頓	・環境づくり（記名，個人別の棚など）が大事 ・保育者自らが整理整頓を心がける

（解答例）

注

⑴　文部科学省「幼稚園教育要領」2017年

⑵　文部科学省「幼稚園教育要領」2017年

⑶　文部科学省「幼稚園教育要領」2017年，厚生労働省「保育所保育指針」2017年，内閣府・文部科学省・厚生労働省「幼保連携型認定こども園教育・保育要領」2017年

⑷　多相性睡眠とは，1日に複数回の睡眠をとること。

⑸　単相性睡眠とは，1日1回の睡眠を毎晩6～8時間まとめてとること。

⑹　脳科学とは，ヒトを含む動物の脳と，それが生み出す機能について研究する学問。

⑺　成長ホルモンとは，骨を伸ばす（身長を伸ばす），筋肉などの発達，代謝を促すなどの役割を担っているホルモン。脳から出た指令を受けて下垂体から分泌される。

⑻　メラトニンとは，脳の松果体と呼ばれる部分から分泌されるホルモン。体内時計に働きかけることで，覚醒と睡眠を切り替えて，自然な眠りを誘う作用があり，睡眠ホルモンとも呼ばれている。

⑼　シエスタ（siesta）は昼休憩（13：00～16：00が目安）を指すスペイン語。単なる昼寝を意味するものではなく，昼休みに何をしてもよいという意味。

参考文献

●今井和子・石田幸美『新人担任が知っておきたい3・4・5歳児保育のキホンまるわかりブック』学研プラス，2018年

●厚生労働省編『保育所保育指針解説』フレーベル館，2018年

●鈴木尚子・高岡純子・邵勤風・荒牧美佐子『第3回幼児の生活アンケート国内調査報告書』
　ベネッセ教育総合研究所，2005年

●永井裕美『0〜5歳児の生活習慣身につけ book（ハッピー保育 books ⑤）』ひかりのくに，
　2011年

●林光緒・堀忠雄「午後の眠気対策としての短時間仮眠」『生理心理学と精神生理学』第25巻第
　1号，2007年，pp.45-59

●ベネッセ教育総合研究所「第3回幼児教育・保育についての基本調査──幼稚園・保育所・
　認定こども園を対象に」2019年

●三池輝久・上野友理・小西行郎『睡眠・食事・生活の基本（赤ちゃん学で理解する乳児の発
　達と保育 第1巻）』中央法規出版，2016年

●未就学児の睡眠・情報通信機器使用研究班編「未就学児の睡眠指針」愛媛大学医学部附属病
　院睡眠医療センター（研究代表者　岡靖哲），2018年（厚生労働科学研究費補助金）

第 5 章

食 育

. . .

　健康で幸せな生涯を過ごすためには，健やかな食生活が欠かせません。また，食生活は子ども時代だけでなく，生涯にわたって行う生きるための営みです。食育は，生涯を通じて健康的な生活を送るために必要な食に関する知識や体験を通して，食や健康に対する興味や関心を育む学びです。このことから，食育は，知育・徳育・体育と並んで，生きるための基本であるといえます。栄養バランスの良い食事を選ぶ知識を身に付けるだけでなく，誰かと一緒に食事や料理をしたり，食べ物の収穫を体験したり，季節や地域の料理を味わったりするなどの体験によって，食育の「実践の輪」を広げることで，食に興味をもつことができるよう導くことが食育の基本的な考え方といえます。

第1節　食育の基本と食生活の現状と課題

学習のポイント

● 人が健康で幸せな生涯を過ごすために重要な食育の定義を説明できるようにしましょう
● 近年の食生活の問題点を理解しましょう

1 食育とは

　人は食物に含まれた栄養素を「食事」として体に取り込んで活動のためのエネルギー源としたり，体の成分（血肉）として利用することで栄養素を摂り込んで生きています。この営みを「栄養」といいます。

　栄養素は単一ではなく，大まかに分類するだけでも糖質（炭水化物），たんぱく質，脂質，ビタミン，ミネラルがあります。栄養素をバランスよく適量摂取することが，心身ともに健康な生活を営むための鍵となります。

　近年，食事の多様化によって，偏った栄養摂取，朝食欠食など食生活の乱れや肥満・るい痩など，日本人の健康を取り巻く問題が深刻化しています。このような食生活の問題は，子どもたちの健全な発育を支えることができないだけでなく，メタボリックシンドロームや生活習慣病などの引き金となるなど，健康や幸せを奪ってしまう可能性もあります。

　そこで，大切となるのがおいしくて健康になる食事の摂り方を生涯にわたって続けるための基礎知識を身に付け，実践することです。

　この基礎知識と実践する力を身に付けることが「食育」[1]なのです。

　食育についての法律を紐解いてみると，「食育基本法」（2005年公布，施行）があります。「食育基本法」第一章総則（目的）第1条には，「この法律は，近年における国民の食生活をめぐる環境の変化に伴い，国民

が生涯にわたって健全な心身を培い，豊かな人間性をはぐくむための食育を推進することが緊要な課題となっていることにかんがみ，食育に関し，基本理念を定め，及び国，地方公共団体等の責務を明らかにするとともに，食育に関する施策の基本となる事項を定めることにより，食育に関する施策を総合的かつ計画的に推進し，もって現在及び将来にわたる健康で文化的な国民の生活と豊かで活力ある社会の実現に寄与することを目的とする」と記載されています。

　子どものみならず老若男女が「生涯にわたって」健康で幸せな人生を歩んでいくために「食育」が必要です。

コラム 5-1　離乳食と介護食

　忙しい現代人は，離乳食をすべて手作りすることが難しい保護者も増えています。そのため，スーパーなどでも手軽にレトルトの離乳食が手に入るようになってきました。一方で，日本では高齢化が進んでいます。高齢者の増加に伴い，介護食の需要も増えてきました。そこで，レトルトの介護食もスーパーなどで手軽に購入することができるようになってきました。ただし，問題もあります。離乳食と介護食の形状がよく似ていることから，同じ棚に離乳食と介護食を隣同士に陳列したり，混在させて陳列している店舗も多いのです。

　店舗側が見分けがつかないということは，消費者はもっと見分けがつきません。しかし，中身はまったく異なりますので，注意が必要です。離乳食は薄味を求められますが，介護食は食経験の多い高齢者が食べるものですので，しっかりした味付けを求められます。そのため，高齢者に離乳食を提供しても「薄味」で箸休めなどには喜ばれるかもしれません。しかし，介護食を誤って離乳食として乳幼児に与えてしまうと濃い味付けを好むようになってしまうリスクがあります。レト

ルトの離乳食を購入する際には，しっかり確認をして購入するよう注
意しましょう。

2 近年の食事における問題点

　近年の日本では，食の欧米化や多様性によって，さまざまな食生活を
営むことが可能になっています。選択肢が広がることは子どもの心身の
発達においてたいへん有意義です。その一方で，さまざまな問題が生じ
ています。

　幼児期は，偏食，遊び食べ，小食，間食の食べ過ぎ，むら食いなどの
子どもの食生活を不安に思い，心配をする保護者も少なくありません。
これらの不安は，以下のような問題が複合的に絡み合って起こります。

1　朝食の欠食

①朝食の必要性

　「寝起きで朝は食欲がない」という声をよく聞きます。朝，ぼんやり
してしまうのは体内のブドウ糖の濃度がかなり下がっているからです。
ブドウ糖は栄養素のなかで最も素早くエネルギー源となる栄養素です。
ブドウ糖の濃度が下がっている状態では体はしっかりと活動することが
できません。また，脳はエネルギー源のほとんどをブドウ糖でまかなっ
ています。朝からしっかりと遊んだり，活動したりするためにはブドウ
糖を含むごはんやパンなどをメニューに加えた朝食を食べることが望ま
しいといえます。

　たとえば，朝食を毎日食べている子どもは食べていない子どもと比べ
ると，学力調査の平均正答率（**図5-1**）や体力合計点（**図5-2**）が
高い傾向にあります。

　このように，朝食は1日の始まりを体に教えるための大切な食事です。
いわば，朝食は体の目覚まし時計といってよいでしょう。

図5-1 朝食と学習の関係

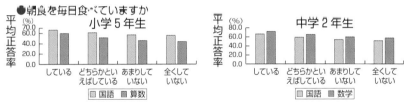

出典：文部科学省「令和3年度 全国学力・学習状況調査 報告書・調査結果資料」

図5-2 朝食と体力の関係

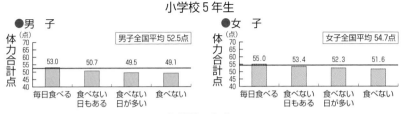

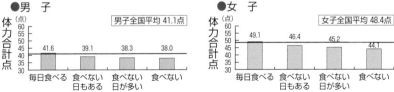

出典：スポーツ庁「令和3年度 全国体力・運動能力，運動習慣等調査 調査結果の概要」

②「早寝早起き朝ごはん」国民運動

　朝食を摂ることは健康で有意義な人生を歩むために大切です。そのため，文部科学省は「早寝早起き朝ごはん」[2]全国協議会と連携して，「早寝早起き朝ごはん」国民運動を推進しています。

　朝食を摂るためには，朝の忙しい身支度の時間のなかで「食事を食べる」ための時間が必要です。食事を食べる時間をつくるためには早起きが必要，早起きをするためには早く寝ること（早寝）が大切です。

　朝食を摂るために，1つずつできることを増やしていきましょう。

❷ 偏 食

「偏食」とは，特定の食品だけを食べ，栄養素の偏りがある状態をいいます。「好き嫌い」は味覚の発達に伴って，自我が発達したことによる自己主張ができるようになった証拠ですが，栄養素の偏りが生じてしまうほど，特定の食品しか食べないようであると，心身の成長にも影響を与えてしまいます。

好き嫌いと偏食の境目を決めることは難しい部分もあります。たとえば，魚が嫌いであっても肉や卵・大豆製品などを食べるなど，特定の食品が嫌いであっても栄養学的に代替しうる食品があれば問題はないようにも思えます。しかし，1つでも多くの食品を食べることができるほうが，生涯を健康で過ごすことができる可能性が高まるので，食べられない食品がある場合は，できるだけ食べられるように調理法や食べさせ方などを工夫したいものです。

偏食の原因は，大きく4つあります。

①食べ慣れていないため怖い

見慣れないものに対しては，誰しもが好奇心と同時に恐怖を感じるものです。好奇心よりも恐怖心が強くなってしまうと，偏食につながってしまうケースがあります。子どもの成長に合わせてさまざまな食品を満遍なく使うように気を配りましょう。

②味やにおいが苦手

恐怖心に打ち勝って，食べてみたけれど，おいしいと感じられなかったため，嫌いになってしまうことがあります。

五味と呼ばれる「甘味」「塩味」「うま味」「酸味」「苦味」の5つの味のうち，酸味は「腐ったものの味」，苦味は「毒素の味」であることが多いので，食経験の浅い子どものうちは嫌う傾向があります。

③不快な思い出がある

その食品を食べた直後に腹痛や下痢などの体調不良を起こした，食感が気持ち悪かったなどの不快な思い出のために偏食になる場合がありま

表5-1 1～2歳児にとって食べにくい食品の例

・弾力の強いもの：かまぼこ，こんにゃく，いか，たこなど
・皮が口に残るもの：豆，トマトなど
・口の中でまとまりにくいもの：ひき肉，ブロッコリーなど
・ペラペラしたもの：わかめ，レタスなど
・唾液を吸うもの：パン，ゆで卵，いもなど
・誤嚥しやすいもの：もち，こんにゃくゼリーなど
・噛みつぶしにくく口の中に残りやすいもの：薄切り肉など

す。体調不良のために特定の食品を食べないことは，味を手がかりに体にとって害のありそうなものを避ける仕組みの一つです。しかし，アレルギー等，実際に体に害がある場合を除いて，不快な思い出がよい思い出に変わるよう，調理方法を変える，食事の環境を変化させるなど，食事を楽しめるよう工夫しましょう。

　④上手に食べられない

　離乳を終える頃の1～2歳児は，脳のトレーニングの一環として，さまざまなものを口の中に入れて確かめています。このとき，「食べ物ではない」と判断すれば，

　　・口に入れた食べ物を出してしまう

　　・食べ物をかじったり噛んだりしない

　　・食べ物を投げる

といった行動に出ることがあります。

　特に食べにくいとされている食品は**表5-1**のとおりです。これらの食品を食べさせる際には，食べやすい大きさに切る，やわらかく煮るなどの調理を工夫しましょう。

3　噛まない子どもの問題

　最近，硬いものが食べられない，しっかり噛んで食べられない子どもが増えています。これに伴って，顎の発達が不十分だったり，歯並びがよくない子どもが増加しています。よく噛まないことは肥満などの健康

図5-3 ひみこのはがいーぜ

ひみこの食育標語

ひみこのはがいーぜ
――『よく噛む』8大効用――

ひみこのはがいーぜ

肥満予防
味覚の発達
言葉の発音はっきり
脳の発達
歯の病気予防
ガン予防
胃腸快調
全力投球

出典：学校食事研究会「食育標語」2015年4月号，
　　　PDFファイル

障害につながりやすく，子どもの心身の発達に悪影響を与えます。

「食べ物を噛んで飲み込む」能力は，生まれもっている能力ではありません。子ども時代に噛んで食べる能力をしっかり身に付けられるよう，食事内容や食事時間，食事環境などを工夫します。

学校食事研究会の食育標語の一つに「ひみこのはがいーぜ」（**図5-3**）があります。これは，よく噛むことの8つの効用の頭文字をまとめて標語にしたものです。

これらの効用には，噛むことで良い影響を与えることが示されています。最後の「ぜ：全力投球」は，歯並びと運動能力に関連があることを示しています。

4　7つの「こ食」

近年の労働環境の変化，生活時間の夜型化，食事に対する価値観の多様化などの影響で，子どもの食生活も大きく変化しています。このような生活環境のなかで，子どもの食生活に影響を与えるとされる7つの「こ食」(4)（**表5-2**）があります。

これらの「こ食」は，栄養バランスがとりにくい，食嗜好が偏りがちになる，コミュニケーション能力が育ちにくい，食事のマナーが伝わりにくいなど，食に関する問題点を増加させ，子どもの健全な心身の成長に悪影響を与えやすい食環境です。食を通じたコミュニケーションをと

表5-2 7つの「こ食」

- ・孤食：家族とは別に，一人で食事をする
- ・個食：複数で食卓を囲んでいても食べている物がそれぞれ違う
- ・子食：子どもだけで食べる
- ・小食：ダイエットなどのため，1回の食事量を極端に減らす
- ・固食：同じ物ばかり食べる（固定食）
- ・濃食：味付けの濃い物ばかり食べる
- ・粉食：パン，麺類など粉からつくられた物ばかり食べる

ることで，食の楽しさを教え，心の豊かさが育っていきます。「こ食」
を避けて，皆で食卓を囲むよう心がけることが大切です。

第2節 食育を推進するための考え方

学習のポイント

● 健康的な食事とはどのような食事かを学ぶための食育の指針やガイドを学びましょう
● 食育における保育所の役割を知りましょう

1 健康的な食事とは

健康的な食事とは，「栄養素のバランスがよい食事」であると言い換えることができます。しかし，栄養素のバランスがよい食事がどのような食事であるか，イメージがわきづらいことも多いものです。そこで，栄養素のバランスがよい食事を示すための指針やガイドがつくられています。保護者への説明のしやすさや，子どもたちの年齢などに合わせてこれらの指針やガイドを上手に活用して，食育を進めます。

■ 第4次食育推進基本計画

食育推進基本計画は，食育基本法に基づいて，5年ごとに作成されます。2021（令和3）年に公表された「第4次食育推進基本計画」が最新版です。

第4次食育推進基本計画では，基本的な方針（重点事項）に，国民の健康の視点として「生涯を通じた心身の健康を支える食育の推進」と社会・環境・文化の視点として「持続可能な食を支える食育の推進」を連携させ，横断的な重点事項として，「『新たな日常』やデジタル化に対応した食育の推進」を掲げ，これらを SDGs の観点から相互に連携して総合的に推進することとしています。

② 食生活指針

食生活指針は，厚生労働省（策定当時は厚生省）・文部科学省（策定

当時は文部省）・農林水産省が協議して，2000（平成12）年に策定した
指針です。2016（平成28）年に「食」をめぐる変化に伴い改訂し，現在
の10項目となっています （表5-3）。

　これらの10項目を 1 から順に子どもたちに教えると理解しやすい順と
もいえるでしょう。

3　栄養素の種類（五大栄養素）

　ヒトは外界から食事の形で栄養素を摂取します。栄養素は，消化・吸
収を経て，体内でエネルギー源として利用したり，体の材料として用い
た後，不要な物質を老廃物として排泄します。このときヒトが取り入れ
る物質が「栄養素」であり，栄養素を取り入れて利用する生命活動の営
みを「栄養」といいます。また，体内に取り込んだ栄養をエネルギーや
体成分に変化させる反応を「代謝」といいます。

　栄養素は大きく，①糖質（炭水化物），②たんぱく質，③脂質，④ビ
タミン，⑤ミネラル（無機質）の 5 つにわけられ，五大栄養素と呼ば⁽⁵⁾れ
ます。これらの栄養素のうち，①糖質（炭水化物），②たんぱく質，③
脂質は，エネルギーをつくり出します。④ビタミン，⑤ミネラル（無機
質）は，エネルギーをつくり出すサポートをしています。また，②たん
ぱく質，③脂質，⑤ミネラル（無機質）は，体の構成成分となっていま
す。

　このように栄養素にはそれぞれの役割があります。そのため，人間が
生涯にわたって，健康的に生き，いきいきと活動するためには，「栄養
のバランスがよい食事」を摂ることが大切だといわれます。すなわち，
「栄養のバランスのよい食事」とは，これらの栄養素を体に必要な量を
過不足なく摂取することを意味しています。

①糖質（炭水化物）

　エネルギー源となる栄養素のなかで最もエネルギーに変換されやすい
栄養素です。脳のエネルギー源のほとんど（99％以上）は糖質です。糖
質が不足すると，脳にエネルギーが届かないため考える力がわかないだ

表5-3 食生活指針（2016年6月一部改正）

1. 食事を楽しみましょう。
   - 毎日の食事で，健康寿命をのばしましょう。
   - おいしい食事を，味わいながらゆっくりよく噛んで食べましょう。
   - 家族の団らんや人との交流を大切に，また，食事づくりに参加しましょう。
2. 1日の食事のリズムから，健やかな生活リズムを。
   - 朝食で，いきいきした1日を始めましょう。
   - 夜食や間食はとりすぎないようにしましょう。
   - 飲酒はほどほどにしましょう。
3. 適度な運動とバランスのよい食事で，適正体重の維持を。
   - 普段から体重を量り，食事量に気をつけましょう。
   - 普段から意識して身体を動かすようにしましょう。
   - 無理な減量はやめましょう。
   - 特に若年女性のやせ，高齢者の低栄養にも気をつけましょう。
4. 主食，主菜，副菜を基本に，食事のバランスを。
   - 多様な食品を組み合わせましょう。
   - 調理方法が偏らないようにしましょう。
   - 手作りと外食や加工食品・調理食品を上手に組み合わせましょう。
5. ごはんなどの穀類をしっかりと。
   - 穀類を毎食とって，糖質からのエネルギー摂取を適正に保ちましょう。
   - 日本の気候・風土に適している米などの穀類を利用しましょう。
6. 野菜・果物，牛乳・乳製品，豆類，魚なども組み合わせて。
   - たっぷり野菜と毎日の果物で，ビタミン，ミネラル，食物繊維をとりましょう。
   - 牛乳・乳製品，緑黄色野菜，豆類，小魚などで，カルシウムを十分にとりましょう。
7. 食塩は控えめに，脂肪は質と量を考えて。
   - 食塩の多い食品や料理を控えめにしましょう。食塩摂取量の目標値は，男性で1日8g未満，女性で7g未満とされています。
   - 動物，植物，魚由来の脂肪をバランスよくとりましょう。
   - 栄養成分表示を見て，食品や外食を選ぶ習慣を身につけましょう。
8. 日本の食文化や地域の産物を活かし，郷土の味の継承を。
   - 「和食」をはじめとした日本の食文化を大切にして，日々の食生活に活かしましょう。
   - 地域の産物や旬の素材を使うとともに，行事食を取り入れながら，自然の恵みや四季の変化を楽しみましょう。

- 食材に関する知識や調理技術を身につけましょう。
- 地域や家庭で受け継がれてきた料理や作法を伝えていきましょう。
9. 食料資源を大切に，無駄や廃棄の少ない食生活を。
- まだ食べられるのに廃棄されている食品ロスを減らしましょう。
- 調理や保存を上手にして，食べ残しのない適量を心がけましょう。
- 賞味期限や消費期限を考えて利用しましょう。
10. 「食」に関する理解を深め，食生活を見直してみましょう。
- 子供のころから，食生活を大切にしましょう。
- 家庭や学校，地域で，食品の安全性を含めた「食」に関する知識や理解を深め，望ましい習慣を身につけましょう。
- 家族や仲間と，食生活を考えたり，話し合ったりしてみましょう。
- 自分たちの健康目標をつくり，よりよい食生活を目指しましょう。

出典：農林水産省「『食育ガイド』等の活用促進」『平成28年度　食育白書』2017年

けでなく，体の成分をエネルギーに変換しようとするため，筋肉や脂肪が消耗されます。逆に，糖質を過剰に摂取すると中性脂肪として蓄積されるため，肥満(6)やメタボリックシンドローム(7)の原因となります。

②たんぱく質

皮膚や筋肉，内臓，髪，爪など体の成分となっています。代謝に必要なホルモンや酵素にも含まれています。エネルギー源として利用することも可能です。たんぱく質を多く含む動物性食品（肉，魚，卵など）を摂取し，必須アミノ酸が不足しないよう注意することが大切です。

③脂　質

エネルギー源として利用すると同時に，臓器や神経などの構成成分としても使われています。脂溶性ビタミン（油に溶けるビタミン）を運搬する役割もあります。皮膚のうるおいを保ったり，正常なホルモンの働きを助けたりするため，過剰に控えることは避けます。

④ビタミン

エネルギー源にはなりません。体の機能を正常に維持するために必要な栄養素ですが，体内で合成することができない（または，合成できる分だけでは不足してしまう）ため，積極的な摂取が必要です。ビタミン

は水に溶ける水溶性ビタミンと，油脂に溶ける脂溶性ビタミンがあります。水溶性ビタミンは，尿などに排泄されてしまうため，不足しやすいビタミンです。脂溶性ビタミンは，油と一緒に摂取すると吸収率が上がります。通常の食事で摂り過ぎることはあまりありませんが，サプリメントなどで，過剰症を起こしやすいビタミンです。

⑤ミネラル（無機質）

骨・歯など体の構成成分となったり，体の調子を整えたりします。ミネラルも体内で合成することができないため，食事から摂る必要があります。不足すると，鉄欠乏性貧血（鉄不足），甲状腺腫（ヨウ素不足）などの欠乏症を起こすことがあります。

4　一汁三菜

日本人の食事の基本ともいえる「和食」。その和食の基本形とされるのが「一汁三菜(8)」です（**図5-4**）。「主食」と「汁物」をそれぞれ1品，おかずとして「主菜」1品，「副菜」2品を合わせるのが基本です。

「主食」は炭水化物を補給するメニューです。毎日の食事には欠かせないエネルギーの源です。「ごはん」が主食になることが一般的です。白米のごはん以外にも玄米や雑穀米があります。玄米や雑穀米には食物繊維やミネラル・ビタミンが含まれていますが，白米のごはんよりも炊きあがりが硬いので，子どもに食べさせるときには成長の様子をしっかり確認しましょう。

「主菜」は，給食では「大きいおかず」と呼ばれることが多いおかずです。肉や魚，大豆製品，卵などが主な食材です。これらの食品は「たんぱく質」を多く含む食品です。たんぱく質は体をつくる素になる栄養素です。毎食の食事に1品は入れるようにします。

給食で「小さいおかず」と呼ばれる「副菜」は，野菜やきのこ，海藻などを主な食材としてつくるおかずです。体の調子を整える栄養素であるビタミン，無機質，食物繊維を補給する役割をもっています。

「汁物」は水分補給の役割です。具材により主菜にも副菜にもなりま

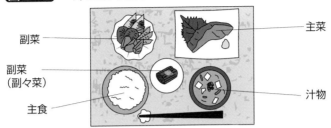

図 5-4 一汁三菜の基本

副菜

副菜
（副々菜）

主食

主菜

汁物

す。汁物の主なメニューは味噌汁やすまし汁など，日本人の好む味付け
で，残食も少ないおかずです。しかし，塩分濃度が高く，食塩摂取量が
増えてしまいます。日本人は食塩摂取量が多いことが生活習慣病の原因
の一つともされています。汁物は提供回数や提供量，味付けなどを工夫
して，食塩の摂り過ぎにならないように注意することが必要なメニュー
です。

5　三色食品群

　三色食品群は，日常的に食べることの多い食品を，含まれる栄養素が
似ている食品同士を「赤色＝体をつくるもとになる」「緑色＝体の調子
を整えるもとになる」「黄色＝エネルギーのもとになる」の３つの食品
群に分けて示しています。一汁三菜に当てはめると，「赤色＝体をつく
るもとになる」は主菜の主食材です。「緑色＝体の調子を整えるもとに
なる」は副菜の主食材であり，「黄色＝エネルギーのもとになる」は主
食の主食材となります。

コラム 5-2　バイキング給食で楽しく「食育」

　食育の一環として，「バイキング形式」を取り入れる保育所・幼稚
園が増えています。バイキング形式というと，好きなものを好きなだ
け取り分けて食べるイメージが強いと思いますが，保育所のバイキン

グは，少しだけ条件があります。全員，「黄色」の机から1品以上，「赤色」の机から1品以上，「緑色」の机から2品以上を取ってくることというものです。みんな思い思いにお皿の上に自分の食べたい料理を盛り付けたら，先生に3色がすべてそろっているか確認してもらい，楽しく食べています。食材と机の色を関連づけて覚えられるうえ，自分が食べられる分だけを取り分けているため，食べ残しも少なく，「全部食べられた！」と笑顔の増える給食です。

　また，昨今では「セミ・バイキング形式」と呼ばれるスタイルも登場しました。セミ・バイキング形式とは，全員に同じ量を配膳するのではなく，子どもが希望する量を盛り付けて提供するスタイルです。「ご飯は少なくしてください」「にんじんは苦手なので1個にしてください」など，子どもたちは配膳する職員に希望を伝えます。職員も「このくらいでいい？」と子どもに問いかけながら配膳を進めていきます。家庭では普通に行われているやりとりかもしれませんが，保育所でもこのような対応を受けることで，子どもは一人ひとりが尊重されていることを体感することができます。

6　6つの基礎食品群

　三色食品群を食品に含まれる主な栄養素別にさらに細かく分類しています。

　三食食品群の赤色は1群・2群にわかれます。1群はたんぱく質を多く含む食品，2群はカルシウムを多く含む食品群です。緑色は3群・4群にわかれ，3群が色が濃くカロテンを多く含む野菜である緑黄色野菜の食品群，4群はその他の野菜，きのこ類，果物などビタミンCを多く含む食品群です。黄色は5群・6群にわかれます。5群は炭水化物（糖質）を多く含む穀類，いも類，砂糖類の食品群，6群は脂質を多く含む油脂，脂肪の多い食品の食品群です（**図5-5**）。これらの6つの食品

図5-5 6つの基礎食品群

油脂類
脂肪分の多い
食品

穀類・
いも類

その他の
野菜・果物

緑黄色野菜

魚・肉・卵・
大豆
大豆製品

牛乳・
乳製品
海藻・小魚類

6群 1群
5群 2群
4群 3群

たんぱく質・脂肪・ビタミンB_2など

血や肉を作る

カルシウム・たんぱく質・ビタミンB_2など

炭水化物・ビタミンB_1など

力や体温となる

脂肪・ビタミンD・ビタミンAなど

ビタミンC・無機質など

からだの調子をよくする

カロテン・無機質・ビタミンCなど

ビタミンCなど

出典：厚生労働省「食品群の種類（6つの基礎食品群）」を参考に作成

群から1つ以上の食品を選んで献立を作成することで，栄養バランスの
よい食事になります。

7 食事バランスガイド

「食事バランスガイド」は2005（平成17）年に厚生労働省と農林水産
省で作成されました。

1日に「何を」「どれだけ」食べたらよいかを考える際の参考として，
望ましい組み合わせとおおよその量を料理単位でコマをイメージしたイ
ラストにして示したものです。料理1皿を1つまたは1SV（サービン
グ）と数えます。

コラム5-3 「食事バランスガイド」のあれこれ

農林水産省が発表した食事バランスガイドは成人用ですが，子ども用には東京都福祉保健局から3〜5歳向けの食事バランスガイドが発表されています（**図5-6**）。水分，運動，菓子・清涼飲料水の扱いはまったく変わりませんが，主食3〜4つ，副菜4つ，主菜3つ，牛乳・乳製品2つ，果物1〜2つと全体的に少量になっています。東京都でつくられたバランスガイドなので，選ばれている食品は東京都でよく食べられている食品です。

東京都があるなら他の都道府県にもご当地「食事バランスガイド」があるのでは？ と思った人もいるかもしれませんね。実はあります。子ども向けは少ないですが，大人向けでご当地向けはさまざまな都道府県（市町村の場合もあります）でつくられています。皆さんのお住まいの地域や出身地域の「食事バランスガイド」があるか，インターネットなどで調べてみてください。

図5-6 東京都幼児向け食事バランスガイド

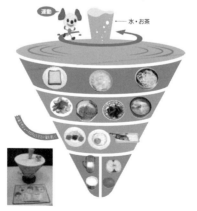

運動　水・お茶

出典：東京都福祉保健局「東京都幼児向け食事バランスガイド」2006年

2 保育所での食育の進め方

　「楽しく食べる子どもに――保育所における食育に関する指針」（2004（平成16）年）では，現在を最もよく生き，かつ，生涯にわたって健康で質の高い生活を送る基本としての「食を営む力」の育成に向け，その基礎を培うことが保育所における食育の目標であるとし，食育の観点から具体的な子どもの姿として，以下の 5 項目を示しています。

　　①お腹がすくリズムのもてる子ども
　　②食べたいもの，好きなものが増える子ども
　　③一緒に食べたい人がいる子ども
　　④食事づくり，準備にかかわる子ども
　　⑤食べものを話題にする子ども

　これらの食を通じた活動を通して，家庭と地域，保育所が互いに連携できるような，食育の視点を含めた指導計画の作成，および評価・改善が求められます。

コラム 5 - 4　体験で学ぶ「食育」

　食育は，食事に関わるすべての営みを育むことが求められています。「食事のマナー」は「好き嫌い（偏食）」などだけでなく，農業・漁業・畜産業などの食材のルーツや SDGs に則った地球環境にやさしい食事のあり方（②飢餓をゼロに，⑥安全な水とトイレを世界中に，⑭海の豊かさを守ろう，⑮陸の豊かさも守ろう）などを子どもたちに考えてもらうような取り組みも大切な食育の一つです。

　保育所・幼稚園などでは，秋の芋ほり体験や，海に近い施設などでは地引網の体験など，地域の特性を生かした「食農体験（食農教育）」を行っている施設もあります。これらの農業（漁業）体験は，地域の

特性を理解するための貴重な体験となるだけでなく，食育の一環としても重要です。

3 食を通した保護者への支援

■ 保護者支援の基本的な考え方

　子どもの食を考える際は，保育所だけではなく，家庭と連携して，協力しながら食育を進めていくことが大切です。

　保護者は子どもの食に対して少なからず不安をもっていることが多いものです。保護者の不安を取り除くためには，「子育て支援」の一環として，子どもの食の知識や経験などのノウハウを提供することで，保護者と子どもの成長について共通理解をもち，子どもたちを健やかな食文化の担い手として育成していきます。保護者にも難しく考えずに「保護者本人が楽しむこと」に加えて，「子どもと一緒に楽しむこと」が大切であると伝えます。

■ 保育所・幼稚園に入園している子どもの保護者への支援

　保育所で食べることができた料理や食品，食べ残すことなく完食ができた，友だちと仲良く食べることができたなど，家庭で気づきにくい成長を，連絡帳を通じて保護者に知らせることで，保護者自身の食への関心や子育てへの自信や意欲を高めることができます。

　また，連絡帳のやりとりだけでなく，「給食だより」により保育所・幼稚園での給食の様子などの情報提供をしたり，送迎の際に見ることができるよう給食の実物の展示をするなど気軽に相談できる雰囲気づくりをしたり，餅つきや芋ほり，保護者参観での試食会や親子クッキングなどの親子で食を楽しめる行事を企画するなど，保護者の食への関心を高める工夫も大切です。

❸　地域の子育て家庭に向けた支援

　保育所・幼稚園に通園していない家庭に対して，情報の提供や相談，交流の場を設けることは地域支援の一環として大切です。休園日を活用しての施設開放，実際に子どもたちが食べている給食の試食会の実施，献立開示などが挙げられます。また，栄養士が園に配置されている場合には，専門性を生かした栄養指導や食生活に関する公開講座の実施なども地域支援の取り組みとして意義深いものといえます。その際には，地域の関係機関（市町村の保健所，教育委員会，療育センター，福祉事務所等）との連携と協力を図ることがより効果的な実施につながるでしょう。

第3節 食物アレルギー

学習のポイント

● 子どもの健康に悪影響を及ぼすことも多い食物アレル
ギーとは何かを学びましょう
● 食物アレルギー事故の防ぎ方を理解しましょう

1 アレルギーとは

　私たちの体には，細菌・ウイルス・寄生虫などの感染性微生物や異物
などから身を守るための「免疫」という機能があります。免疫は人体に
有害な異物から体を守る大切な仕組みです。しかし，まれに免疫が過剰
反応してしまい，本来であれば体に悪影響を及ぼさない無害な物質（ス
ギ花粉，ダニ，食物など）にまで反応してしまい，じんましんやかゆみ，
咳など体にとって不利益な反応が起こることがあります。この反応を
「アレルギー」と呼び，アレルギーを引き起こす物質を「アレルゲン」
と呼びます。

　特に小児の場合，一人で複数のアレルギーをもっている可能性もある
ため注意が必要です。

2 食物アレルギーとは

　アレルギーのうち，食物が原因となるアレルギーが「食物アレルギー」
です。特定の食物を食べたときだけでなく，吸い込んだり，触れたりし
た後にアレルギー反応が起こることもあります。食中毒や乳糖不耐症な
ども特定の食物を食べた後に体調不良が起こりますが，免疫反応とは無
関係であり，食物アレルギーではありません。

◼1　食物アレルギーの原因となる食物

　食物アレルギーの原因となる食物は，乳幼児期には小麦や大豆，卵，乳など，学童期以降では甲殻類や果物，そば，魚類，ピーナッツなどのように，成長とともに食物アレルギーの原因となる食物が変わっていくという特徴があります。

　使用する食材が生鮮食品の場合は，アレルギーの原因となる食物を調理時に見つけやすく，除去もしやすいのですが，昨今，多く用いられている加工食品は，原材料にアレルギーの原因となる食物が含まれているかどうかがわかりにくいため，アレルギーがある場合に食べてもよいかどうかの判断が難しいことがあります。

　そこで，加工食品に発症頻度が高い・重篤な症状を誘発しやすい食物（特定原材料）が使われている場合には，容器包装にアレルギー表示をすることが義務づけられています（表5-4）。

◼2　アレルギー症状

　アレルギーの症状は，皮膚や呼吸器，消化器など身体のさまざまな臓器に現れます（図5-7）。

　1つの症状だけが現れる場合もありますが，複数の臓器に症状が現れることもあります。複数の臓器に症状が現れた場合を「アナフィラキシー」といいます。発症後，すぐに急激に全身にアレルギー症状が出て，血圧の低下や意識障害などを引き起こした状態である「アナフィラキシーショック」は，生命を脅かす危険な状態になることもあるため注意が必要です。

表5-4 特定原材料

根拠規定	特定原材料等の名称	理　由	表示の義務
食品表示基準 （特定原材料）	えび，かに，小麦，そば，卵，乳，落花生（ピーナッツ）	特に発症数，重篤度から勘案して表示する必要性の高いもの。	表示義務
消費者庁 次長通知 （特定原材料に準ずるもの）	アーモンド，あわび，いか，いくら，オレンジ，カシューナッツ，キウイフルーツ，牛肉，くるみ，ごま，さけ，さば，大豆，鶏肉，バナナ，豚肉，まつたけ，もも，やまいも，りんご，ゼラチン	症例数や重篤な症状を呈する者の数が継続して相当数みられるが，特定原材料に比べると少ないもの。 特定原材料とするか否かについては，今後，引き続き調査を行うことが必要。	表示を推奨

出典：消費者庁「食物アレルギー表示に関する情報」

図5-7 アレルギーの症状

皮膚・粘膜症状

●眼
・充血，眼のまわりのかゆみ
・涙目

●口腔
・口腔，唇，舌の違和感，はれ

●皮膚
・かゆみ，じんましん，むくみ
・赤くなる，湿疹

消化器症状

下痢，気持ちが悪い，吐き気，嘔吐，血便

呼吸器症状

くしゃみ，鼻づまり，鼻水，咳，息が苦しい（呼吸困難），ゼーゼー・ヒューヒュー（喘鳴），犬が吠えるような甲高いせき，のどが締め付けられる感じ

神経症状

元気がない，ぐったり，意識もうろう，尿や便を漏らす

全身症状

アナフィラキシー

循環器の症状

脈が速い・触れにくい・乱れる，手足が冷たい，唇や爪が青白い（チアノーゼ），血圧低下

3　保育所・幼稚園でのアレルギー対応

「保育所におけるアレルギー対応ガイドライン（2019年改訂版）」において，①食物アレルギー対応においては安全・安心の確保を優先する，②完全除去対応（提供するか・しないか），③家庭で食べたことのない食物は，基本的に保育所では提供しない，の３点が挙げられています。

①食物アレルギー対応においては安全・安心の確保を優先する

子どもたちの食の安全を守るため，アレルギー対応について全職員が共通理解をもち，組織的な対応が求められます。また，保育所・幼稚園内だけでなく，医師の診察と指示に基づいて，保護者と連携し，適切な対応が求められます。これを遵守するために，各施設で作成されているアレルギー疾患対応マニュアルに沿った的確な対応も求められます。

②完全除去対応（提供するか・しないか）

保育所・幼稚園などで給食を提供する場合，少量であれば食べられる場合であっても，アレルゲンを含む食品は「完全除去」を基本とします。[13]

保育所・幼稚園などでは給食時に人的エラーを起こさないように万全の注意が必要です。給食の提供システムが複雑になればなるほど，間違いが生じやすくなりますので，できるだけ単純な対応（提供するか，しないか（完全除去））で給食を提供するためのシステムづくりが大切です。

さらに，配膳後，おかずが残っている場合などの「おかわり」をアレルギー児が希望し，誤ってアレルギー食品の入った料理を渡してしまう事故も多くみられます。一律に「おかわり禁止」とすれば，事故を防ぐことは可能ですが，もっと食べたい子どもには残念な給食になってしまいます。一人でも多くの子どもの「食べる力」を育むためのシステムづくりを施設全体で行うことが求められます。

コラム5-5　園内給食でのアレルギー対応

　実際の保育所・幼稚園の厨房内では，「アレルギー対応食」を先に調理し，アレルゲンがアレルギー対応食に混入しないよう，細心の注意を払います。卵など主材料などにアレルギー反応を示す場合には，代替えの料理を用意することもありますが，基本的には，保育所・幼稚園での子どもへの対応は「みんなと同じ」であることが望ましいです。そのため，できる限り他の子どもたちの食事と同じような料理を提供できるように調理手順を工夫して，可能な限り他の子どもたちと同じような料理を提供するように心がけます（図5-8）。

図5-8 除去食の調理例

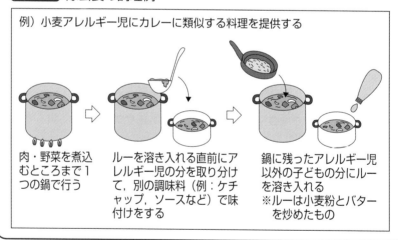

例）小麦アレルギー児にカレーに類似する料理を提供する

肉・野菜を煮込むところまで1つの鍋で行う

ルーを溶き入れる直前にアレルギー児の分を取り分けて，別の調味料（例：ケチャップ，ソースなど）で味付けをする

鍋に残ったアレルギー児以外の子どもの分にルーを溶き入れる
※ルーは小麦粉とバターを炒めたもの

　③家庭で食べたことのない食物は，基本的に保育所では提供しない
　保育所・幼稚園などでは，子どもの安全・安心を第一優先とします。保育所・幼稚園でアナフィラキシーなどの重篤な被害を出さないために，入園して初めて，アレルギー反応が出やすい食品を提供する際には，事

前に保護者に知らせ，自宅で試しに食べさせ，アレルギー反応が出ないことを確認したのちに提供します。

4　家庭でのアレルギー対応

　保育所・幼稚園では安全第一です（**表5-5**）。そのため，アレルギー食品は完全除去が基本ですが，家庭など保護者の目が届く範囲での食事は，医師の指示に基づく「必要最低限の原因食物の除去[14]」とします。

　アレルギーをもつ兄姉がいる場合でも，必ずしも同じアレルギーになるとは限りません。心配な場合には，あらかじめ医師に相談するように勧めるなど，保護者の不安にも配慮しましょう。

表5-5　保育所におけるアレルギー対応の基本原則

○全職員を含めた関係者の共通理解の下で，組織的に対応する
　・アレルギー対応委員会等を設け，組織的に対応
　・アレルギー疾患対応のマニュアルの作成と，これに基づいた役割分担
　・記録に基づく取組の充実や緊急時・災害時等様々な状況を想定した対策
○医師の診断指示に基づき，保護者と連携し，適切に対応する
　・生活管理指導表（※）に基づく対応が必須
　（※）「生活管理指導表」は，保育所におけるアレルギー対応に関する，子ども
　　　　を中心に据えた，医師と保護者，保育所の重要な"コミュニケーションツー
　　　　ル"
○地域の専門的な支援，関係機関との連携の下で対応の充実を図る
　・自治体支援の下，地域のアレルギー専門医や医療機関，消防機関等との連携
○食物アレルギー対応においては安全・安心の確保を優先する
　・完全除去対応（提供するか，しないか）
　・家庭で食べたことのない食物は，基本的に保育所では提供しない

出典：厚生労働省「保育所におけるアレルギー対応ガイドライン（2019年改訂版）」2019年

コラム5-6　思わぬところでアレルギー発症?!　外食にも注意!

　お母さんと一緒に街へ買い物に出かけた5歳の男の子A君。

　喫茶店の前でおいしそうなガレットを見つけ，お母さんにおねだりをして喫茶店に入り，目の前に置かれたガレットを一口食べた瞬間に，顔から血の気が引き，倒れてしまいました。実はA君は，そばアレルギー。ガレットは水溶きのそば粉を薄くのばしてパリパリに焼いたお菓子ですが，A君のお母さんはガレットの原材料がそば粉であることに気づかず，A君にガレットを食べさせてしまったのです。

　幸い，この喫茶店の近くにあった病院に緊急搬送されて治療を受けることができたため，A君は一命を取りとめましたが，症状が安定するまで1週間の入院加療が必要になってしまいました。このような事故を起こさないためにも，食物アレルギーがある場合，原材料をしっかり確認することが必要ですね。

演習課題

❶　子どもの食の課題とはどのようなものがあるでしょうか。考えてみましょう。

❷　子どもが家族や友だちと食事をしているとき，子どもは他者からどのような学びを得ることができるでしょうか。

演習課題解答

❶　朝食の欠食，偏食，噛まない子どもの問題などがあります。

これらは，7つの「こ食」と呼ばれる

- ・孤食：家族とは別に，一人で食事をする
- ・個食：複数で食卓を囲んでいても食べている物がそれぞれ違う
- ・子食：子どもだけで食べる
- ・小食：ダイエットなどのため，1回の食事量を極端に減らす
- ・固食：同じ物ばかり食べる（固定食）
- ・濃食：味付けの濃い物ばかり食べる
- ・粉食：パン，麺類など粉からつくられた物ばかり食べる

などの食生活の問題が背景にあります。

　子ども時代の食生活の問題は，子どもの生涯にわたっての健康に大きな影響を与えます。保育者は保護者と協力しながら対応することが求められます（解答例）。

❷　他者と一緒に食事をすることで，望ましい食習慣を身に付けることができます。食卓でのコミュニケーションは人間形成の基礎となり，豊かな心を育みます。また，箸の持ち方などの食事のマナー，挨拶習慣，食べ物を大切にする心などさまざまなことを学ぶことができます。さらに，他者が食べている食品を一緒に食べることで，さまざまな食品を食べる習慣が身に付き，栄養のバランスが整いやすくなります（解答例）。

注

(1)　食育とは，知育・徳育・体育の基礎となる生きるうえでの基本。健康で幸せな生涯を送るために欠かせない知識である。知識として理解しているだけでなく，自分一人で実践できるようになるまでしっかり習得させる必要がある。

(2)　早寝早起き朝ごはんは，2006（平成18）年からスタートした。朝ごはんを食べるためには，早起きが必要であり，早く起きるためには早く寝ることが，早く寝るためには適切な運動が必要であるとし，規則正しい生活習慣が大切であることを子ども向けに説いている。

(3)　「5つの基本味」ともいわれる。母乳はほのかな甘みがあることから，「甘味」を好む子どもは多い。子どもの成長に合わせてその他の味も食事に取り入れて，さまざまな味を好きに

なるよう工夫をすることが望まれる。

(4)　7つの「こ食」以外に，コンビニの食事ばかりを食べている「コ食」，外食ばかりの「戸食」など，さまざまな「こ食」がある。これらの「こ食」は子どもだけでなく，日本人の食生活の問題点でもあるので，成人であっても注意したい。

(5)　五大栄養素とは，糖質（炭水化物），たんぱく質，脂質，ビタミン，ミネラルの5つを指す。これらの栄養素を体に必要な分ずつ過不足なく摂取することが「栄養のバランスがよい食事」である。

(6)　小児の肥満も成人の肥満と同じように高血圧や糖尿病の原因となるだけでなく，運動能力の低下やケガの原因となり，さらには不登校やいじめの問題にも発展しやすいうえ，思春期・成人期の肥満にもつながりやすい。

(7)　メタボ，内臓脂肪症候群ともいわれる。肥満を起因とした症候群であるが，成人だけでなく，小児（6～15歳）の診断基準もある（厚生労働省，2007年）。小児のメタボリックシンドロームは，不規則な食生活が原因であることが多い。

(8)　一汁三菜とは，主食（ごはん，パン，麺など），汁物（味噌汁，すまし汁，スープ類など），主菜（肉，魚，卵，豆腐など）を各1皿ずつ，副菜（野菜，海藻，きのこ類）を2皿とする食事スタイルのこと。皿数を増やすことにより，使用する食材の種類を増やすことで栄養のバランスが整いやすくなる。皿数を増やすことができない場合でも，これらの要素が1食に含まれているかを確認すると，栄養のバランスが偏りにくい。

(9)　三色食品群とは，「黄色：糖質（炭水化物）」「赤色：たんぱく質」「緑色：ミネラル・ビタミン」を多く含む食品のグループである。毎食，この3つのグループから1種類以上を選んで食べると，栄養のバランスがとりやすい。子どもにも理解しやすいので保育所や幼稚園での「食育」に取り上げられることが多い。

(10)　食事バランスガイドは，農林水産省が発表した。中食（スーパーで弁当や総菜を購入）や外食も増えていることから，料理単位で栄養のバランスがとれているかを確認するためにつくられた。全体はコマの形をしている。軸は「水・お茶」で食事に水分摂取が欠かせないことを，コマが安定して回るためには「運動」が必要であることを示している。

(11)　アレルギーとは，有害物質から体を守るための「免疫」が，無害な物質からも身を守るために反応し体に不利益な反応が起こること。ただし，青背魚（サバなど）に多いヒスタミン食中毒は，アレルギーに似た症状が起きることから，ヒスタミン食中毒をアレルギーと勘違いするケースも散見される。また，食品以外にもアレルギー反応を起こす物質（アレルゲン）は存在するので，アレルギー反応が起こったら，必ず受診してアレルギーなのか否か，アレルギーであるならば，アレルギー物質を特定することが望ましい。

(12)　アレルギー表示は，消費者庁によって定められている。表示義務のある7品目，表示を推奨された21品目を加工食品の原材料に使用する場合には，包装容器に記載する。しっかり確認し，アレルギー児の食事に混入しないように配慮する。

(13)　少しなら食べられると医師の診断があっても，体調不良時にはアレルギー反応を起こすことがある。そのため，食物アレルギー児には，保育所・幼稚園給食では，アレルゲンを含む食品を含む料理は一切提供しない。保育者は「おかわり」も含めて，アレルギー児に誤ってアレルゲンを含む料理を食べさせないよう注意する。

(14)　必要最低限の原因食物の除去とは，医師のいる病院内や，保護者の目が届く家庭での食事

では，「不安だから」と過剰に避けることなく，食べられる範囲で体調をみながらアレルゲンを含む料理を食べさせること。食物アレルギーは成長とともに治ることもあるため，1つでも多くの食品に慣れることが目的である。ただし，必要最低限の原因食物の除去は，必ず，医師の指示に従って実施する。

参考文献

- 大関武彦，小児のメタボリックシンドローム概念と日本人小児の診断基準　循環器疾患等生活習慣病対策総合研究事業「小児期メタボリック症候群の概念・病態・診断基準の確立及び効果的介入に関するコホート研究」『平成19年度総合研究報告書』2008年，pp. 1 - 4
- 寒川町「1〜2歳児の食べにくい食品例」
  https://www.town.samukawa.kanagawa.jp/material/files/group/42/tabenikui.pdf
  （以下，すべて2022年6月16日アクセス）
- 厚生労働省「保育所における食事の提供ガイドライン」2012年
  https://www.mhlw.go.jp/bunya/kodomo/pdf/shokujiguide.pdf
- 厚生労働省「アレルギー疾患対策基本法」2014年6月27日公布（2015年施行）
  https://www.mhlw.go.jp/file/05-Shingikai-10905100-Kenkoukyoku-Ganshippeitaisakuka/0000112472.pdf
- 厚生労働省「アレルギー疾患対策の推進に関する基本的な指針」2017年
  https://www.mhlw.go.jp/web/t_doc?dataId=00010380&dataType=0&pageNo=1
- 厚生労働省「保育所におけるアレルギー対応ガイドライン（2019年改訂版）」2019年
  https://www.mhlw.go.jp/content/000511242.pdf
- 「食育基本法」
  https://elaws.e-gov.go.jp/document?lawid=417AC1000000063
- 白木まき子ほか「幼児の偏食と生活環境との関連」『民族衛生』第74巻第6号，2008年，pp. 282，288
  https://www.jstage.jst.go.jp/article/jshhe/74/6/74_6_279/_pdf
- 全国協議会HP「早寝早起き朝ごはん」
  http://www.hayanehayaoki.jp/
- 中村美保ほか「咀嚼能力と生活習慣，運動能力との関係——高校1年生男子生徒の場合」『名古屋文理大学紀要』第8号，2008年，pp. 1 - 7
  https://www.jstage.jst.go.jp/article/nbukiyou/8/0/8_KJ00005073807/_pdf
- 農林水産省「食を通した保護者への支援」『平成27年度　食育白書』2016年
  https://www.maff.go.jp/j/syokuiku/wpaper/h27/h27_h/book/part2/chap3/b2_c3_4_02.html
- 農林水産省「ライフステージ別の現状と取組」『平成30年度　食育白書』2019年
  https://www.maff.go.jp/j/syokuiku/wpaper/h30/h30_h/book/part1/chap1/b1_c1_1_03.html

第 6 章

幼児の保健

. . .

　たくさんの子どもたちが過ごす保育現場では，全体の健康と個の健康を管理する必要があります。子どもたちの健やかな成長を手助けするためにも保育者は個々の子どもへの健康管理に努める必要があります。その中身は子どもに対するものから保護者への助言や対応も含まれています。また，保育現場で特化した保健的知識のみならず，より専門的な看護に近い知識が求められています。保育者が求められる役割は多岐にわたります。

第1節 保育現場における健康管理

学習のポイント

- ●子どもの健康観察について理解しましょう
- ●感染症の基本と分類，出席停止期間などを理解しましょう

1 日常の健康観察

　保育現場の保健的環境の整備や計画は，幼稚園では「学校保健安全法」が適用されています。保育所などの児童福祉施設では，「児童福祉施設の設備と運営に関する基準」を基とした衛生管理が求められています。こども園については，おおむね児童福祉施設に準ずるとなっています。しかし，感染症の対応など一部分については「学校保健安全法」に準ずる場面もあります。

　子どもの体調の変化に素早く気づくことが，子どもの健康を守るうえで大切です。体調などの状態を示すものにバイタルサインがあります。バイタルサインには体温，呼吸，脈拍（心拍）の3大バイタルサインがあり，その他には意識，血圧，尿量が含まれることもあります。

　子どもの体温は環境に左右されやすいため，注意を要します。また平熱が成人よりも高い傾向があり（**表6-1**），1日のなかでも検温する時間によって差が生じます。この差が生じることを日内変動といいます。そもそも体温とは身体内部の体温，深部体温のことをいいます。体温の計測方法には，腋の下で検温する腋窩温，口の中で検温する口腔温，耳で検温する鼓膜温，肛門で検温する直腸温があります。検温する部位によっては深部体温から1℃前後の差が生じます（**図6-1**）。体温の幅と個人の平熱を把握していると普段より高い体温の場合に，体調不良か

表6-1 年齢別平熱

	平　熱
乳　児	36.2〜37.0℃
幼　児	36.0〜36.9℃
学　童	35.9〜36.8℃

出典：小林美由紀編著『授業で現場で役に立つ！子どもの健康と安全演習ノート』診断と治療社，2019年，p.5を基に作成

図6-1 検温方法と測定される体温差

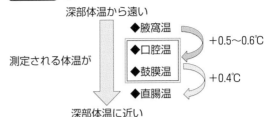

出典：筆者作成

表6-2 年齢別の脈拍数

	脈拍数（毎分）
乳　児	120〜140
幼　児	80〜120

出典：小林美由紀編著『授業で現場で役に立つ！子どもの健康と安全演習ノート』診断と治療社，2019年，p.6を基に作成

表6-3 年齢別の呼吸の方法と呼吸数

	呼吸の型	呼吸数
乳　児	腹式呼吸	30〜40
幼　児	胸腹式呼吸	20〜30

出典：表6-2と同じ

らきているものなのかの判断の一つにできます。しかし，年齢が下がれば下がるほど，その判断は難しくなります。

　呼吸の観察はどのような呼吸を，どのようなリズムで，どのような深さで行っているかがポイントです。たとえば，自然な呼吸を，規則正しく，浅すぎず深すぎず行っているといった具合です。乳児と幼児で1分間の回数が違います。暑さを感じているとき，運動後や興奮した後は比較的，回数や深さが変わります。また，のどに異物を詰まらせた際なども呼吸にあらわれることがあります。回数を観察する際は，胸のふくらみや肩の上げ下げに着目します。

　脈拍や呼吸数も年齢によって1分間の回数に差があります（**表6-2**，**表6-3**）。運動後や興奮状態，発熱などの際は増加します。じっとし

ている状態や眠気のあるときや体温低下の際には減少します。脈は動脈で感じることができます。手首にある橈骨動脈に触れ，回数を数えることがほとんどです。15秒間に感じた回数×4でおよそ1分間の脈拍となります。

2 健康診断

　入園する際に，子どものこれまでの健康状態を把握しておく必要があります。既往歴や発達に関するもの，予防接種の予定等です。子どもは生まれてから数回，任意の健診や市町村，自治体が定めた定期健診を受けています（表6-4）。それらが母子手帳には記録されています。

　学校健診は毎年6月までに行われる定期健康検査と必要に応じて行われる臨時健康診断があります。健康診断の役割は子どもの健康情報を知ることです。目的は「①児童生徒の健康度および発育・発達の度合いや推移を知る，②児童生徒の疾病・異常の早期発見・進行のまん延の防止をはかる，③児童生徒や保護者に，児童生徒の発育や健康状態を発信し，保健教育の機会とする」という3点があります。定期健康診断終了後の21日以内に保護者に通知し，必要に応じて学校医などと連携し保護者への保健指導や対策を講じます。幼児期における定期健康診断では，身長・体重，栄養状態，脊柱・胸郭，四肢，骨・関節，視力，聴力，眼，耳鼻咽喉，皮膚，口腔，心臓，尿，その他の異常など多岐にわたり診断されます。必要に応じて保健調査のアンケートを実施することもあります。これらの項目により肥満傾向や心臓の疾病や異常，腎臓疾患，低身長，虫歯，聴力障害など多くの疾病，異常の早期発見につながります。

3 子どもの予防接種

保育の現場では，子どもや保育者を含めて多数の人々が長時間生活を

表6-4 主な健診

	主な健診内容
1か月健診	任意健診。身長，体重，頭囲，胸囲を測定し，授乳や先天性異常がないかなどを診察。
3〜4か月健診	首が座っているか，音への反応があるか，喃語（なんご）の発生があるかなどの発育・発達を健診。
1歳6か月健診	母子保護法によって市区町村で行うことが定められた定期健診。離乳食が完了し，歩行，発語があるか確認する，発語異常が確認された場合，聴力検査および精神発達検査を行う。
3歳健診	母子保護法によって市区町村で行うことが定められた定期健診。視力，聴力の異常がないか（左右差含む）。運動・精神発達に遅れがないか最終確認。尿検査による腎臓の働きも確認する。
学校健診	「学校保健安全法施行規則」により毎年6月までに定期健康検査を行う。

出典：小林美由紀編著『授業で現場で役に立つ！子どもの健康と安全演習ノート』診断と治療社，2019年を基に作成

　ともにします。感染症の子どももしくは職員が確認されると，瞬く間に周囲に伝染する可能性もあります。日頃から個の健康と集団の健康，感染症流行期においては個の対応と集団の対応が求められます。子ども自身は免疫力が高いわけではありません。ワクチンで感染症の発生や拡大をある程度防ぐことができます。感染症対策には3つあります。感染症にならないための一次予防，感染症の早期発見・早期対策の二次予防，再発予防や社会復帰の三次予防です。予防接種は一次予防に含まれ，予防接種法により定期接種が求められているものと，個人による任意のものにわけられます（**表6-5**）。学校保健においては，小学校入学までに**表6-5**に記載された定期接種と任意接種の予防対象疾患について接種を済ませておくべき必要があります。

　これらの予防接種はいつでも，好きなときに接種することはできません。定められた年齢や接種間隔のもとに計画的に接種をする必要があり

表6-5 子どもが接種するワクチン

定期接種	任意接種
B型肝炎，Hib，肺炎球菌，4種混合，BCG，麻しん，風しん，水痘，日本脳炎など	ロタウイルス，おたふくかぜ，インフルエンザなど

ます。ワクチンには数種類あり，主に生ワクチンと不活化ワクチンにわけられます。接種方法は注射による接種と経口による接種があります。2020年10月に接種間隔の規定が変更されましたが，注射による生ワクチンは27日以上，同じワクチンを複数回接種する場合はワクチンごとに定められた間隔を守ることが決められています。複雑化するワクチン接種スケジュールに対して，日本小児科学会は保護者用に接種スケジュールを示しています。

4 感染症とは

感染症には，ウイルスに起因する感染症と細菌を起因とする感染症があります。どちらの感染症においても，病原体の感染源（発生源），感染経路（病原体の移動），病原体を受けつけることができる宿主の3つが必要です。逆に3つがそろわないと罹患しません。何らかの形で病原体がヒトの体内に侵入しても症状が出ない場合があります。これを不顕性感染といいます。また，発症までには潜伏期間が存在し，潜伏期間は疾患により2〜3日のものもあれば3週間程度を要するものもあります。

感染源とは感染する際の病原体が生じるものです。感染源にはヒト，動物（蚊なども含む），食品，土壌などの環境があります。

感染経路はいろいろあります。ここでは主な感染経路を紹介します。数字に順位制はありません。

『健やかな育ちを支える領域「健康」』訂正表

170ページの表6-5に誤りがありました。下記のように訂正させていただきます。
お詫び申し上げます。

誤

定期接種	任意接種
B型肝炎，Hib，肺炎球菌，4種混合，BCG，麻しん，風しん，水痘，日本脳炎など	ロタウイルス，おたふくかぜ，インフルエンザなど

正

定期接種	任意接種
B型肝炎，Hib，肺炎球菌，4種混合，BCG，麻しん，風しん，水痘，日本脳炎，ロタウイルスなど	おたふくかぜ，インフルエンザなど

①飛沫感染（空気感染）

主に感染者が咳やくしゃみをしたときや会話の最中に飛び出る唾液や鼻水に病原体が含まれ，周囲にいる人が吸い込むことで感染します。「保育所における感染症対策ガイドライン（2018年改訂版）」では，飛沫が飛び散る範囲が1～2ｍを飛沫感染としています。それに対して空気感染は飛沫感染と同様に，主に感染者が咳やくしゃみをしたときや会話の最中に飛び出る唾液や鼻水が乾燥しながらも，感染する力を保ったまま空気中を漂います。その範囲は1～2ｍに限らず数分間に及びます。対策としては感染性の流行期には会話中の飛沫や不意の咳，くしゃみに対してはマスクや袖で口元を塞ぐなど，咳エチケットを実践します。しかし，2歳未満の乳幼児に対してのマスクの着用は，窒息や熱中症のリスクがあること，顔色や呼吸状態から体調確認をすることが困難になるため，注意が必要です。保育室や職員室などもこまめに空気を入れ替えることが対策として求められます。

②接触感染

接触感染には，大きく2種類があります。感染源や感染者との握手や抱っこ，キスなど皮膚を経由して直接感染する直接接触感染，病原体が付着したものに触れることで感染する間接接触感染があります。間接感染はもう少し分別することができ，ドアノブや手すり，遊具やおもちゃなどを介した媒介感染，ダニや蚊，動物や魚介類を介した動物由来感染があります。病原体に接触するだけでは感染，発症はしません。しかし，病原体が付着した状態で目や鼻，口に触れることで病原体が体内に侵入し，感染のリスクは一気に高くなります。対策としては，手洗いが基本となります。外遊びの後，飼育している動物や虫，水中生物の世話をした後などは特に注意が必要です。昼食やおやつなど飲食を要する場面では事前に必ず手洗いをすることが必要です。

③経口感染

経口感染とは病原体のついた飲食物を口にし，消化器系経路を通って

の感染のことです。消化器系経路を通った病原体が排泄物として体外に出てきた際に，手指を介して再び経口感染することを糞口感染といいます。

食中毒の感染経路として，経口感染が多くあります。対策としては使用する食器や調理機器の消毒，食材を適切に管理し，適切に調理することが求められます。

④血液媒介感染

血液媒介感染とは病原体を含んだ血液が自身の皮膚や傷口，目や口に触れたことで感染することです。子どもたちのケガの処置をする際は直接血液が付着しないよう，薄手のゴム手袋などを着用するように気をつける必要があります。

5 乳幼児期に気をつけたい感染症

ある特定の感染症に罹患した子どもは，疾患ごとに定められた期間，幼稚園，保育所等に出席することはできません。この定められた出席停止期間は，幼稚園では学校保健安全法によって定められています。「保育所における感染症対策ガイドライン(2018年改訂版)」においても，学校保健安全法に準ずるとされています。学校保健安全法では，第一種，第二種，第三種に分類されています。分類されたなかで出席停止期間の基準が示されています (表6-6)。

学校保健安全法における第一種は，出席停止期間は治癒するまでとなっています。新型インフルエンザ等感染症，指定感染症などは第一種とみなされます。これらの感染症に関わることはほぼないと思いますが，新たに出現した感染症が指定感染症になる可能性もあります。

第二種は，飛沫感染による感染が注意される感染症が主となっています。出席停止期間は疾病ごとに異なるため注意が必要です。

第三種は，学校医や子どものかかりつけ医などが他者に感染させるお

表6-6　出席停止期間

学校保健安全法における分類	疾患名	出席停止期間の基準
第一種	エボラ出血熱	治癒するまで
	クリミア・コンゴ出血熱	
	ペスト	
	マールブルク病	
	ラッサ熱	
	痘そう	
	南米出血熱	
	SARS	
	急性灰白髄炎	
	ジフテリア	
	特定鳥インフルエンザ	
	MERS	
第二種	結核	症状により学校医その他の医師において感染の恐れがないと認めるまで
	髄膜炎菌性髄膜炎	
	インフルエンザ（特定鳥インフルエンザ除く）	発症後5日を経過し，かつ解熱した後2日（幼児は3日）経過するまで
	百日咳	特有の咳が消失するまでの5日間の適正な抗菌性物質製剤による治療が終了するまで
	麻しん	解熱した後3日を経過するまで
	流行性耳下腺炎	耳下腺，顎下腺または舌下腺の腫脹が発現した後5日を経過し，かつ全身状態が良好になるまで
	風しん	発しんが消失するまで
	水痘	すべての発しんがかさぶたになるまで
	咽頭結膜熱	主要症状が消退した後2日経過するまで
第三種	コレラ	症状により学校医その他の医師において感染の恐れがないと認めるまで
	細菌性赤痢	
	腸チフス	
	パラチフス	
	腸管出血性大腸菌感染症	
	流行性角結膜炎	
	急性出血性結膜炎	
	その他感染症※溶連菌，手足口病，伝染性紅斑，ヘルパンギーナ，マイコプラズマ，感染性胃腸炎など	

それがないと認めると出席できます。その他の感染症のなかに「保育所における感染症対策ガイドライン（2018年改訂版）」に記載されている感染症が含まれています。ガイドラインのなかには潜伏期間や症状の特徴，感染経路，流行状況，予防・治療方法，留意すべきことが記載されています。日本小児科学会の「学校，幼稚園，認定こども園，保育所において予防すべき感染症の解説」においてもより詳細に記載されています。

コラム6-1　感染症における登園許可証の提出

　保育所における登園許可証は「保育所における感染症対策ガイドライン（2018年改訂版）」では「医師が意見書を記入することが考えられる感染症」と「医師の診断を受け，保護者が登園届を記入することが考えられる感染症」に分類されています（疾病名つき）。これらの書類は提出の強制はできないため，提出を求める場合は事前に保護者に丁寧な説明をしておく必要があります。

---

6 アレルギー

　アレルギー対応が必要な子どもと関わることもあります。必要があれば保護者には生活管理指導表（**図6-2**，**図6-3**）をわたし，子どものかかりつけ医に記入してもらいます。それを基に園や施設での対応を協議します。

　食物アレルギーでは，ある食材を食べることで体調不良を引き起こします。主な症状としては，嘔吐，下痢，腹痛，蕁麻疹などです。状態によっては血圧の低下や意識障害などのショック症状を起こす場合もあり，これをアナフィラキシーショックといいます。アレルゲンを除いた対応食，アレルゲンによっては触手も避けるように対応します。

図6-2　保育所におけるアレルギー疾患生活管理指導表(1)

（参考様式）　※「保育所におけるアレルギー対応ガイドライン」（2019年改訂版）

保育所におけるアレルギー疾患生活管理指導表　（食物アレルギー・アナフィラキシー・気管支ぜん息）

提出日　　年　　月　　日

名前＿＿＿＿＿＿　男・女　＿＿年＿＿月＿＿日生（＿＿歳＿＿ヶ月）　＿＿＿＿組

※ この生活管理指導表は、保育所の生活において特別な配慮や管理が必要となった子どもに限って、医師が作成するものです。

緊急連絡先
★保護者
電話：
★連絡医療機関
医療機関名：
電話：

食物アレルギー（あり・なし）　アナフィラキシー（あり・なし）

病型・治療

A．食物アレルギー病型
1．食物アレルギーの関与する乳児アトピー性皮膚炎
2．即時型
3．その他　（新生児・乳児消化管アレルギー・口腔アレルギー症候群・食物依存性運動誘発アナフィラキシー・その他：　　　　　）

B．アナフィラキシー病型
1．食物　（原因：　　　　　　　　　　）
2．その他　（医薬品・食物依存性運動誘発アナフィラキシー・ラテックスアレルギー・昆虫・動物のフケや毛）

C．原因食品・除去根拠
該当する食品の番号に○をし、かつ《　》内に除去根拠を記載
1．鶏卵　《　　》
2．牛乳・乳製品　《　　》
3．小麦　《　　》
4．ソバ　《　　》
5．ピーナッツ　《　　》
6．大豆　《　　》
7．ゴマ　《　　》
8．ナッツ類＊　《　　》（すべて・クルミ・カシューナッツ・アーモンド・　　）
9．甲殻類＊　《　　》（すべて・エビ・カニ・　　）
10．軟体類・貝類＊　《　　》（すべて・イカ・タコ・ホタテ・アサリ・　　）
11．魚卵＊　《　　》（すべて・イクラ・タラコ・　　）
12．魚類＊　《　　》（すべて・サバ・サケ・　　）
13．肉類＊　《　　》（鶏肉・牛肉・豚肉・　　）
14．果物類＊　《　　》（キウイ・バナナ・　　）
15．その他　（　　　　）

［除去根拠］
該当するもの全てを《　》内に番号を記載
①明らかな症状の既往
②食物負荷試験陽性
③IgE抗体等検査結果陽性
④未摂取

「＊は（　）の中の該当する項目に○をするか具体的に記載すること」

D．緊急時に備えた処方薬
1．内服薬（抗ヒスタミン薬、ステロイド薬）
2．アドレナリン自己注射薬「エピペン®」
3．その他（　　　　）

保育所での生活上の留意点

A．給食・離乳食
1．管理不要
2．管理必要（管理内容については、病型・治療のC．欄及び下記C．E欄を参照）

B．アレルギー用調整粉乳
1．不要
2．必要　下記該当ミルクに○、又は（　）内に記入
ミルフィーHP・ニューMA-1・MA-mi・ペプディエット・エレメンタルフォーミュラ
その他（　　　　）

C．除去食品においてより厳しい除去が必要なもの
病型・治療のC．欄で除去の際に、より厳しい除去が必要となるもののみに○をつける
※本欄に○がついた場合、該当する食品を使用した料理については、給食対応が困難となる場合があります。
1．鶏卵：　卵殻カルシウム
2．牛乳・乳製品：　乳糖
3．小麦：　醤油・酢・麦茶
6．大豆：　大豆油・醤油・味噌
7．ゴマ：　ゴマ油
12．魚類：　かつおだし・いりこだし
13．肉類：　エキス

D．食物・食材を扱う活動
1．管理不要
2．原因食材を教材とする活動の制限（　　）
3．調理活動時の制限（　　）
4．その他（　　）

E．特記事項
（その他に特別な配慮や管理が必要な事項がある場合には、医師が保護者と相談のうえ記載。対応内容は保育所が保護者と相談のうえ決定）

記載日　　年　　月　　日
医師名
医療機関名
電話

気管支ぜん息（あり・なし）

病型・治療

A．症状のコントロール状態
1．良好
2．比較的良好
3．不良

B．長期管理薬
（短期追加治療薬を含む）
1．ステロイド吸入薬
剤形：
投与量（日）：
2．ロイコトリエン受容体拮抗薬
3．DSCG吸入薬
4．ベータ刺激薬（内服・貼付薬）
5．その他（　　　）

C．急性増悪（発作）治療薬
1．ベータ刺激薬吸入
2．ベータ刺激薬内服
3．その他

D．急性増悪（発作）時の対応
（自由記載）

保育所での生活上の留意点

A．寝具に関して
1．管理不要
2．防ダニシーツ等の使用
3．その他の管理が必要（　　）

B．動物との接触
1．管理不要
2．動物への反応が強いため不可
動物名（　　）
3．飼育活動等の制限（　　）

C．外遊び、運動に対する配慮
1．管理不要
2．管理必要
（管理内容：　　　　）

D．特記事項
（その他に特別な配慮や管理が必要な事項がある場合には、医師が保護者と相談のうえ記載。対応内容は保育所が保護者と相談のうえ決定）

記載日　　年　　月　　日
医師名
医療機関名
電話

● 保育所における日常の取り組み及び緊急時の対応に活用するため、本表に記載された内容を保育所の職員及び消防機関・医療機関等と共有することに同意しますか。
・同意する
・同意しない
保護者氏名＿＿＿＿＿＿＿＿

出典：厚生労働省「保育所におけるアレルギー対応ガイドライン（2019年改訂版）」2019年

図 6-3 保育所におけるアレルギー疾患生活管理指導表(2)

（参考様式）※「保育所におけるアレルギー対応ガイドライン」（2019年改訂版）

保育所におけるアレルギー疾患生活管理指導表 （アトピー性皮膚炎・アレルギー性結膜炎・アレルギー性鼻炎）

名前　　　　　　　　男・女　　　　年　　月　　日生（　　歳　　ヶ月）　　　　　組

提出日　　　　年　　月　　日

※この生活管理指導表は、保育所の生活において特別な配慮や管理が必要となった子どもに限って、医師が作成するものです。

ア ト ピ ー 性 皮 膚 炎

（あり・なし）

A. 重症度のめやす（厚生労働科学研究班）
1. 軽症：面積に関わらず、軽度の皮疹のみみられる。
2. 中等症：強い炎症を伴う皮疹が体表面積の10％未満にみられる。
3. 重症：強い炎症を伴う皮疹が体表面積の10％以上、30％未満にみられる。
4. 最重症：強い炎症を伴う皮疹が体表面積の30％以上にみられる。
※軽度の皮疹：軽度の紅斑、乾燥、落屑主体の病変
※強い炎症を伴う皮疹：紅斑、丘疹、びらん、浸潤、苔癬化などを伴う病変

病型・治療

B-1. 常用する外用薬
1. ステロイド軟膏
2. タクロリムス軟膏
（「プロトピック®」）
3. 保湿剤
4. その他（　　　）

B-2. 常用する内服薬
1. 抗ヒスタミン薬
2. その他（　　　）

C. 食物アレルギーの合併
1. あり
2. なし

保育所での生活上の留意点

A. プール・水遊び及び長時間の紫外線下での活動
1. 管理不要
2. 管理必要

B. 動物との接触
1. 管理不要
2. 動物への反応が強いため不可
動物名（　　　）
3. 飼育活動等の制限
（　　　）

C. 発汗後
1. 管理不要
2. 管理必要（管理内容：　）
3. 夏季シャワー浴
（施設で可能な場合）

D. 特記事項
（その他に特別な配慮や管理が必要な事項がある場合には、医師が保護者と相談のうえ記載。対応内容は保育所が保護者と相談のうえ決定）

記載日　　　　年　　月　　日
医師名
医療機関名
電話

ア レ ル ギ ー 性 結 膜 炎

（あり・なし）

病型
1. 通年性アレルギー性結膜炎
2. 季節性アレルギー性結膜炎（花粉症）
3. 春季カタル
4. アトピー性角結膜炎
5. その他（　　　）

治療
1. 抗アレルギー点眼薬
2. ステロイド点眼薬
3. 免疫抑制点眼薬
4. その他（　　　）

保育所での生活上の留意点

A. プール指導
1. 管理不要
2. 管理必要（管理内容：　）
3. プールへの入水不可

B. 屋外活動
1. 管理不要
2. 管理必要（管理内容：　）

C. 特記事項
（その他に特別な配慮や管理が必要な事項がある場合には、医師が保護者と相談のうえ記載。対応内容は保育所が保護者と相談のうえ決定）

記載日　　　　年　　月　　日
医師名
医療機関名
電話

ア レ ル ギ ー 性 鼻 炎

（あり・なし）

病型
1. 通年性アレルギー性鼻炎
2. 季節性アレルギー性鼻炎（花粉症）
主な症状の時期：春、夏、秋、冬

治療
1. 抗ヒスタミン薬・抗アレルギー薬（内服）
2. 鼻噴霧用ステロイド薬
3. 舌下免疫療法
4. その他（　　　）

保育所での生活上の留意点

A. 屋外活動
1. 管理不要
2. 管理必要（管理内容：　）

B. 特記事項
（その他に特別な配慮や管理が必要な事項がある場合には、医師が保護者と相談のうえ記載。対応内容は保育所が保護者と相談のうえ決定）

記載日　　　　年　　月　　日
医師名
医療機関名
電話

● 保育所における日々の取り組み及び緊急時の対応に活用するため、本表に記載された内容を保育所の職員及び消防機関・医療機関等と共有することに同意しますか。
・同意する
・同意しない

保護者氏名

出典：図6-2と同じ

表6-7 緊急性のあるアレルギー症状

消化器の症状	□繰り返し吐き続ける □持続する強い（がまんできない）おなかの痛み	
呼吸器の症状	□のどや胸が締めつけられる □犬が吠えるような咳 □ゼーゼーする呼吸	□声がかすれる □持続する強い咳込み □息がしにくい
全身の症状	□唇や爪が青白い □意識がもうろうとしている □尿や便を漏らす	□脈を触れにくい・不規則 □ぐったりしている

出典：東京都健康安全研究センター『食物アレルギー緊急時対応マニュアル』2017年を基に作成

　アナフィラキシーショックを起こす子どもに対しては，あらかじめ子どものかかりつけ医から自己注射用器具のエピペン®を処方されていることがあります。エピペン®にはアドレナリンが入っており，体重15～30kg未満用（0.15mg）と体重30kg以上（0.3mg）の2種類があります。早急に医療機関での処置が受けられない場合に本人自らが注射をできるようにつくられています。

　原因となる食べ物を食べてしまった場面を目視した際や，すでにアナフィラキシーショックを確認した際には，一人で対応せずに複数の教職員で対応することが望ましいです。役割としては，容態や緊急性を判断する「観察」，AEDやエピペン®，対応マニュアルなどを準備する「準備」，救急車や保護者への「連絡」，発見から救急隊の到着もしくは搬送までの「記録」，他の子どもたちへの対応等の「その他」，そしてこれらを指示する「管理」です。各役割を複数名で行うことで迅速に対応できます。

　第一発見者は可能な限り子どもから目を離さず近くにいる教職員が気づくように大きな声で助けを呼びます。容態を確認し呼びかけに反応がなく，呼吸がなければ，心肺蘇生を開始します。また，**表6-7**の症状が一つでもあればエピペン®を使用します（詳細は次節）。エピペン®使

用時は，状態にかかわらず救急車を呼び，救急搬送します。

　気管支喘息の原因は，埃やダニが最も多いとされていますが，動物や食物によっても誘発されます。運動を起因とする喘息もあるので，体育的場面，動物とふれあう活動，お泊り保育などの活動の際は，生活管理指導表を使用しながら，注意を払って活動します。

　アトピー性皮膚炎は，スキンケアとアレルゲンや悪化因子を除去，避けます。かゆみを伴うので，かゆみを発生させる保育環境にしないことが重要になります。状況によってはかかりつけ医から処方された軟膏やクリームを使用します。アトピー性皮膚炎もプールや動物とのふれあい，お泊り保育などの活動の際は生活管理指導表を使用しながら対応します。

第2節　応急処置

学習のポイント

- 状況に応じた適切な処置方法を覚えましょう
- アナフィラキシーショックの対応については前節のアレルギーの項を復習し，理解を深めましょう

1 アナフィラキシーショックの対応（エピペン®の使い方）

①エピペン®を使用するときは，ケースから取り出します。両端がオレンジと青になっており，青が安全キャップでオレンジの部分から針が出てきます。②青の安全キャップを外さないと針が出てきません（写真6-1 ②はキャップが外れているのを誇張しています。本来はグーで握ったまま外します）。③しっかりとグーで握ります。このときに小指側（下側）に針（オレンジ部分）がくるように握ります。④エピペン®を打つ場所は，大腿部（太ももの外側）に垂直に刺さるようにします。エピペン®を打つときは振り下ろしたり，反動をつけず，打つ部位に沿えるよう先を当て，エピペン®が"カチッ"と音が鳴るまで強く押し5つ数えます。注射後にすぐに抜かないように注意します。アナフィラキシーショックを起こした子どもが仰臥位（背臥位：仰向けの状態）で介助者が複数いる場合は，写真のように大腿部を押さえる人，注射を打つ人にわかれます。⑤アナフィラキシーショックを起こした子どもが椅子などに座っている場合の対応も基本的には同じです。⑥注射を打った後は，オレンジの部分が伸びていることを確認します。伸びていない場合は正確に打てていないので，もう一度打ちます。⑦注射を打った後は，打った部位を10秒ほどマッサージします。

なお，処置中に心停止を確認した場合は，ただちに心肺蘇生法を開始

写真 6-1 エピペン®の使い方

①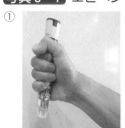

②

③

④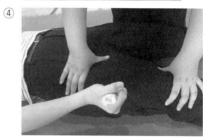

⑤

⑥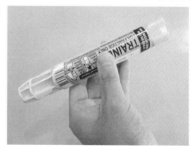

⑦

します。

　エピペン®の使用は，本来，患者本人もしくはその保護者が処方の際に医師の十分な指導を受けています。しかし，保育現場でも子どもがアナフィラキシーショックを起こす可能性はあり，また，子どもが小さければ小さいほど自らエピペン®を使用することは難しくなります。日本学校保健学会のガイドラインでは「アナフィラキシーの救命の現場に居合わせた教職員が，『エピペン®』を自ら注射できない状況にある児童生徒等に代わって注射することは，緊急やむを得ない措置として行われるものであり，医師法違反にならないと考えられます」と記載されています。また，「医師法以外の刑事・民事の責任についても，人命救助の観点からやむを得ず行った行為であると認められる場合には，関係法令の規定によりその責任が問われないと考えられます」と記載されており，現状ではやむを得ない状況での使用，処置であれば処罰を受けることはないといえます。処罰を受けることはないとはいえ，いざというときのために園内研修やキャリアアップ研修などで医療従事者などの専門家による研修を受けることが望ましいでしょう。

2 救急処置

　現場ではケガをした子どもや体調不良の子どもへの適切な対応が求められます。出血を伴う切り傷，刺し傷，擦り傷など，骨折，脱臼，捻挫，突き指などの外傷やアナフィラキシーショックなど，軽微なものから命に関わるものまで多様にあります。

1　止血方法

　出血を伴うケガの処置として，傷口を流水で洗い，傷口の状態や出血を確認します。近年では傷口の程度によっては消毒薬を使用しない方法も行われています。出血が確認されれば出血を止める行為に入ります。このことを止血といいます。主な止血方法は，直接圧迫止血法，間接圧

迫止血法（止血点圧迫止血法）があります。直接圧迫止血法は，出血している傷口を清潔なガーゼなどで強く押さえます。数分間圧迫することで止血します。止血が確認できた後に絆創膏などで傷口を保護します。間接圧迫止血法は，傷口より心臓に近い動脈を手や指で圧迫して血流を抑える止血方法です。成人では体重の8％の血液を失うと生命に危険が及ぶとされており，小さい子どもの場合は8％以下の出血量でも危険だといわれています。素早い処置，止血が求められます。

❷　RICE 処置

　打撲，突き指，捻挫などのケガや障害が起きた場合は，できるだけ早くRICE処置を行います。RICE処置とは，安静（Rest），冷却（Icing），圧迫（Compression），挙上（Elevation）のことです。

　安静（Rest）は負傷した箇所を動かさないことです。一昔前は突き指をした際には「突き指をした指を引っ張る」といわれていましたが，現在では動かさないことが最優先にされています。動かすことで症状が悪化することもありえます。

　冷却（Icing）は負傷した箇所を氷水などで冷やすことです。負傷した箇所は熱をもっており，冷やすことによって腫れや内出血を抑えます。冷やす場合は，氷のうやビニール袋に少量の水と氷を入れ，なかの空気を抜くようにします。そうすることで水自体が氷に冷やされ，空気を抜いたことで体に密着する面積を増やし，広い部分を冷やすことができます。凍傷を防ぐためにタオルなど生地をあてます。負傷箇所にもよりますが，15〜20分前後冷やします。冷却を始めると最初は負傷からくる痛みが，徐々に冷たさからくる痛みに変わります（主にヒリヒリする痛み）。その後，しびれるような感覚が起こり，最終的には感覚がなくなります。処置を始めてから15〜20分後もしくは無感覚になってから5〜10分程度経過後に，冷却を止めます。止めてから1〜2時間，もしくは負傷からくる痛みが強くなり始めたら，再度冷却をします。

　圧迫（Compression）は負傷した部位を包帯などで圧迫，固定します。

出血や腫れを抑えます。きつく圧迫しすぎると変色やしびれなどの症状が出てくるので注意が必要です。そのときは強さを緩めたりして調整し，無理のないように対応します。

挙上（Elevation）は負傷した部位を心臓より高く上げます。これも腫れや出血（内出血を含む）を抑えたり，痛みを和らげることができます。

突き指，捻挫は骨折との判断が難しいものです。打撲も含めて受傷から24〜48時間を経過して痛みや腫れに変化がなければ，医師の診察を受けることを勧めます。

❸　気道異物除去

異物により気道や食道が詰まると，呼吸困難になります。咳込みや声が出せない，喉をつかみながら苦しそうにするといった窒息の状態がみられます。異物には食べものも含まれます。一口の量が多いこと，咀嚼が少ないこと，発達に応じた食事内容でないことなどから窒息につながります。他にも小さな玩具など，大人なら口にはしないものも年齢が低い子どもほど，誤飲する可能性があります。声が出ない，咳が出ない，もしくは出なくなったときは異物除去を行います。気道異物の除去方法は，背部叩打法と腹部突き上げ法（ハイムリック法）があります。背部叩打法は救助する人の片腕に子どもをうつ伏せで乗せ，乗せた手で頭部を低くし，もう一方の腕で背中をたたきます。腹部突き上げ法は後ろから抱くように手を回し，みぞおち付近で握り拳をつくり，もう片方の手で握り拳を支えます。そのまま素早く胃を押し上げるような動作を繰り返します。腹部突き上げ法は，乳児には行いません。実践後は必ず医療機関を受診します。

❹　心肺蘇生

直接，生命の危機に瀕する場面に行う処置です。心肺蘇生法は事故による心停止（心肺停止），急性的な疾患やアナフィラキシーショックによる心停止，乳幼児突然死症候群（SIDS）が疑われる状況に遭遇した

ときに行います。子どもに限らず同僚や保護者などにも起こりえること
なので身に付けておきたい知識と技術です。

　傷病者を発見したら，周囲の状況を確認します。処置をするのに安全
な場所なのか，このような状況になった原因や痕跡はないかなどです。
周囲に処置や対応の助けを呼びます。その後，意識の確認をします。幼
児であれば声をかけながら肩を軽く叩き，乳児であれば足の裏を刺激し
ます。身体反応などがない場合は心停止を疑います。その後，呼吸の確
認をし，呼吸の有無を10秒以内に判断します。呼吸がなければ胸骨圧迫
を開始，AEDがある場合は装着，使用します。

　胸骨圧迫は，乳児の場合は，両乳頭を結ぶ線上の少し下に中指と薬指
を垂直に当て，圧迫します。幼児の場合は，胸の真ん中を大人と同じよ
うに両手もしくは片手の手の平下よりを垂直に当て，圧迫します。圧迫
は1分間に100〜120のテンポで30回圧迫します。AEDがある場合は音
に合わせて圧迫します。その後，人工呼吸を1秒，息入れを2回行いま
す。優先順位は胸骨圧迫です。

　AEDはどのメーカーでつくられたものでもガイド音声に従えば実践
できるようになっています（写真6-2は日本光電製）。

　①蓋を開けると電源が入り電子音，音声ガイドが流れます。②パッド
を取り出します。本体にも説明が記載されています。パッドは成人用と
子ども用があり，子どもに対してはどちらを使用しても構いません。③
青いシートを外します。④乳児は胸と背中にパッドを貼ります。パッド
同士が重ならないようにすれば，大人と同じ貼り方でも構いません。⑤
幼児は大人と同じように貼りますが，パッドが重ならないように注意し
ます。⑥AEDの胸骨圧迫の電気ショックが必要な場合は，黄色く囲ま
れた場所にあるボタンを押します。

写真6-2　子どもに対する AED の使用方法

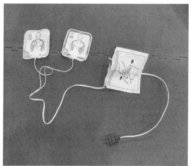

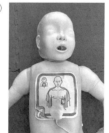

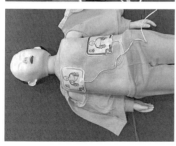
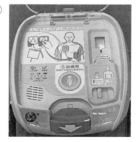

第3節　発達障害

学習のポイント

● 発達が気になる子どもがいたときの対応を理解しましょう
● 自閉スペクトラム症について理解しましょう

1 自閉スペクトラム症とは

　前述した健診では，主に運動的側面，知的側面，情緒的側面から何らかの発達課題がみつかることがあります。しかし，保育施設での日常や健診以降に“発達障害らしき”言動が出現することがあります。それが発達の遅れからきている一時的なものなのか，発達障害から起因しているのかは素人目では判断できません。専門家でも明らかな知的発達障害を除いて，5歳以降でないと確定診断を出さないことがあります。少しでも気になる子どもがいる場合は，保健師や巡回の心理士等に相談し対応にあたります。専門機関での受診が望ましい場合，保護者に受診を勧めますが，子どもが発達障害の可能性があることを保護者は受け入れがたいため対応は丁寧に行います。

　自閉スペクトラム症は対人関係や情緒的関係，非言語性のコミュニケーションや社会的コミュニケーションの欠陥，感覚の過敏・敏感や行動・興味の反復的な行動様式が発達早期からみられる疾患であり，「非常に十分な支援を要する（レベル3）」「十分な支援を要する（レベル2）」「支援を要する（レベル1）」があります。自閉スペクトラム症の子どもへの関わりは，いつ，どこで，どのような行動もしくは活動をするのかをわかりやすくします。言葉での説明の理解が難しい場合もあるので，絵や図を用いることも必要です。子どもが初めて体験する内容は事前に

説明し，これまでの様式の変更（例：散歩コースの変更）がある場合は
最小限にとどめるようにします。

2 自閉スペクトラム症の発達課題

　自閉スペクトラム症の難しいところは，できる・できないの難易度が
バラバラであり，できるを継続しないと忘れてしまうことです。
図6-4をみてみましょう。精神年齢に対して少し難しい発達課題のB
があります。そのBの課題ができないと本来はそれより上にあるAは
できません。しかし，Aができてしまうことがあります。
　精神年齢に対して簡単な発達課題であるDの部分ができる場合，本
来であればそれより下の発達課題もクリアされますが，自閉スペクトラ
ム症の場合はそうとは限りません。また，できたとしても理解度は "な
んとなく" といった状態です。不注意欠如／多動症は不注意と多動・衝
動がみられる疾患です。不注意とは興味のないものに注意を向けること
ができず，興味の対象が移りやすいことです。興味のある活動をしてい
るときは，逆に他のことに注意を払えません。多動・衝動は知的水準に

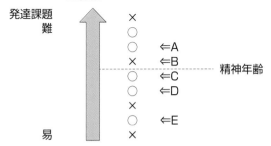

図6-4 自閉スペクトラム症の発達課題と
　　　　理解度

出典：横山浩之『発達障害の臨床——レッテル貼りで終わらせ
　　　ないよき成長のための診療・子育てからはじめる支援』
　　　診断と治療社，2020年，p.40を基に改変

相応しない落ち着きのなさです。成長後，気分障害や反抗的な態度（反抗挑発症や素行症）といった合併障害を誘発する可能性が高いので，早期の発見が大切です。不注意欠如／多動症への関わりは褒めることを多くし，望ましくない行動を起こした場合は，なぜその行動をとったのかを汲みながら注意をします。集中力が必要な活動は集中できる特別な環境を用意することもあります。

演習課題

❶ 周囲の人に手伝ってもらい，自分以外の誰かの1分間の脈拍の回数を測ってみましょう。
❷ 手首以外でも脈拍をみつけられる部位を探しましょう。
❸ 大人の場合，脈拍は1分間に50～80回が目安です。100回を超えた場合は原因（運動直後など）があるはずですので，探ってみましょう。

演習課題解答

❷ 左胸，首，お腹，足首など。

参考文献

●秋山千枝子・五十嵐隆・平岩幹男編『グランドデザインから考える　小児保健ガイドブック』診断と治療社，2021年
●衛藤隆・岡田加奈子編『学校保健マニュアル　改訂9版』南山堂，2017年
●大久保公裕編『イチから知りたいアレルギー診療——領域を超えた総合対策』全日本病院出版会，2014年
●厚生労働省「保育所における感染症対策ガイドライン（2018年改訂版）」2018年
●厚生労働省「保育所におけるアレルギー対応ガイドライン（2019年改訂版）」2019年

●小林正直監修，石見拓『BLS 写真と動画でわかる一次救命処置』学研，2017年
●小林美由紀編著『授業て現場で役に立つ！子どもの健康と安全演習ノート』診断と治療社，2019年
●清水將之『子どもの精神医学ハンドブック　第 3 版』日本評論社，2021年
●鈴木美枝子編著『これだけはおさえたい！保育者のための子どもの健康と安全』創成社，2020年
●辻一郎・小山洋編『シンプル衛生公衆衛生学2021』南江堂，2021年
●東京都健康安全研究センター『食物アレルギー緊急時対応マニュアル』2017年
https://www.tmiph.metro.tokyo.lg.jp/files/kj_kankyo/allergy/to_public/kinkyu-manual/7f76eea5e9ad849c49f85c28056a14b21.pdf（2022年 7 月 1 日アクセス）
●中村好一・佐伯圭吾編『公衆衛生マニュアル2021』南山堂，2021年
●光畑裕正『アナフィラキシーショック最善の予防・診断・治療――すべての医療者・教職員に向けて』克誠堂出版，2016年
●文部科学省初等中等教育局健康教育・食育課監修，公益財団法人日本学校保健会「学校のアレルギー疾患に対する取り組みガイドライン（令和元年度改訂）」2019年
●横山浩之『発達障害の臨床――レッテル貼りで終わらせないよき成長のための診療・子育てからはじめる支援』診断と治療社，2020年
●横山美樹・西村礼子・太田雄馬『ナースのためのスキルアップノート――看護の現場ですぐに役立つバイタルサインのキホン』秀和システム，2020年

第 7 章

保育における安全管理

. . .

保育者が子どもと関わるうえで，子どもの安全を守ることは大前提となります。子どもがいる時間のみ子どもの安全を考えればよいわけではなく，日頃の準備，積み重ねが安全，ひいては命を守るために重要になります。そのためにも保健的知識を得ることや本章で扱う設備や体系を学ぶ必要があります。

第1節　安全管理と事故の動向

学習のポイント

- ●教育・保育施設における安全管理について理解しましょう
- ●安全管理における対策や考え方を理解しましょう

1 教育・保育施設の安全管理のとらえ方

　保育現場では子どもや保護者対応のみならず，子どもたちが安全に過ごせるように安全管理に努める必要があります。また，子どもが安全に過ごせるということは，そこで働く保育者や職員の安全にもつながります。

　保育現場全体の安全とは，安全教育と安全管理，組織活動の3つにわけられます（図7-1）。安全教育とは保育活動全般や交通安全教室などの行事を通して子どもたちに安全を体験，学んでもらう活動になります。組織活動としては教職員内の役割の確認，明確化や勉強会，関係団体や関係機関との連携をします。安全管理には対人管理と対物管理があります（図7-2）。

　対人管理は保育活動すべてを対象とした子どもの心身の状態を把握します。事故やケガの原因の一つに"人"があります。保育現場における"人"に保育者が含まれるのはもちろん，職員や子どもそのものが含まれます。子どもが疲れていないか，睡眠不足ではないか，いつもより笑顔が少ないなど子どもからのサインが出ていないか確認します。また，なぜ子どもがそのような状態なのか原因も考え検討します。たとえば家庭環境が好ましくない状態で生活リズムに異変が生じていることや，そのことにより攻撃性が高まり他の子どもや保育者に暴力的な行為を働く

図7-1 学校安全の体系

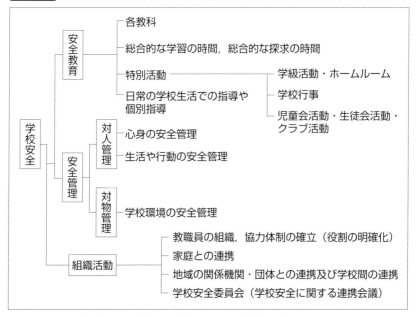

出典：文部科学省『学校安全資料「生きる力」をはぐくむ学校での安全教育』2019年

図7-2 安全管理の内容

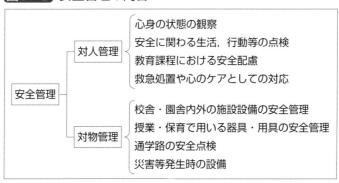

出典：渡邉正樹編著『学校安全と危機管理　三訂版』大修館書店，2020年，p.146

可能性もあります。子どもの状態によっては子どもの活動内容を制限したりもします。一人の子どもの安全を守るということは，多くの子どもを守ることにもつながります。

　対物管理は保育施設内にある設備全体を起因とする事故を防ぐことが目的とされます。その範囲は保育室だけにとどまらず，職員室や給食室，フェンスなど保育施設の敷地内すべてと通学路も含まれることがあります。自園の送迎バス（園バス）を所有していれば，もちろん含まれます。対物管理は主に設備の転倒・落下・倒壊の視点からチェックされます。たとえば本棚が固定されているか，電灯（電球）の落下の可能性はないかなどです。問題や異常が発見されなくても，設置から長い年月が経った経年劣化などもあるので，設備によっては数か月から数年に１度，専門家に点検してもらう必要があります。

　保育施設における安全管理は多岐にわたり，施設設備の点検のみならず，保育活動を通した安全教育や子どもの健康観察もそれに含まれています。

2　子どもの健康や安全を取り巻く現状

　現在の日本における乳児の死亡原因は 表7-1 のようになっています。乳幼児の主な死亡原因として，男女とも先天性奇形，変形及び染色体異常が高い割合になっています。ここで注目したいのは，乳幼児突然死症候群と不慮の事故です。２つを合わせると男女とも10％近い割合になります。この数値は必ずしも保育現場だけで発生した件数ではなく保育から離れた日常のものも含まれていますが，これら２つの原因は保育現場でも多分に起こりえるものです。

　乳幼児突然死症候群（Sudden Infant Death Syndrome：SIDS）とは，健康状態に問題がなく突然死する１歳未満の子どもに対していわれます。SIDS の発生を高める原因として，生理学的要因と育児環境が考えられ

表7-1 乳児の主な死亡原因の構成割合　　(%)

死亡原因	男	女
先天性奇形，変形及び染色体異常	31.6	41.0
周産期に特異的な呼吸障害及び心血管障害	16.1	14.2
乳幼児突然死症候群	6.1	4.5
胎児及び新生児の出血性障害及び血液障害	4.5	3.7
不慮の事故	4.4	3.2
その他	37.3	33.4

出典：厚生労働省「令和2年人口動態統計月報（概要）」2021年の概況を基に作成

ます。特に育児環境における発生要因は以下の3点が明らかになっています。なお，これら3点は母子手帳にも記載されています。

①うつぶせ寝は，仰向け寝に対して発生率が3倍高くなる。

午睡の際は，うつぶせ寝になっていないか注意する必要があります。見回る際に仰向け寝に戻すようにします。過度にうつぶせ寝を気にするのではなく，子どもの顔色や寝相の確認を行える部屋の明るさや複数の保育者で午睡の時間を担当するようにします。

②人工栄養は母乳栄養に比べて，発生率が4.8倍高くなる。

厚生労働省の調査では授乳期の栄養方法の傾向として，月齢が高くなっても母乳栄養による授乳はある一定の高い割合を維持しています。人工栄養は生後2か月過ぎから取り入れられる傾向が高く，最終的に母乳栄養を上回っています。ただ，母乳栄養は母親の体調（母乳が出ない）や共働きなどの家庭環境，保育所においては子どもが母乳を残したりしても再利用はできないことから，完全母乳栄養は難しいといえます。母乳栄養を押しつけるような保護者対応は避けるべきです。

③親が喫煙している家庭では，喫煙しない家庭に比べ発生率が4.7倍高くなる。

喫煙は子どもが生まれてから健康に悪影響を及ぼしているのではなく，

表7-2 保育現場での年齢別事故件数

	0歳	1歳	2歳	3歳	4歳	5歳	6歳	計
幼保連携型認定こども園	1	11	29	39	77	99	56	312
幼稚園型認定こども園	0	0	0	3	7(1)	11	3	24(1)
保育所型認定こども園	0	4	7	6	16(1)	8	5	46(1)
地方裁量型認定こども園	0	0	0	2	0	1	0	3
幼稚園	0	0	0	3	14	21	17	55
認可保育所	5	48(1)	104	149	232	373	170	1,081(1)
小規模保育事業	0	3	10	5	0	0	0	18
計	6	66	150	207	346	513	251	1,539

出典：内閣府「令和2年度教育・保育施設等における事故報告集計」2021年を基に作成

胎内にいる胎児の状態から健康面に影響を及ぼし，出産に関しては母子の健康に対するハイリスク要因となっています。喫煙環境はSIDS以外にも体に有害です。子どもと同居する家族には喫煙が子どもの成長にどれほど有害なのか，お便り等を通して知ってもらうところからスタートします。

SIDS対策は保育者のみでは対応できません。保護者だけでも対応することはできません。保護者と協力することで初めてSIDSを防げる環境をつくる第一歩となります。

不慮の事故とは必ずしも保育現場のみで起こるわけではありません。しかし，日常生活において長い時間を過ごす保育施設では，十分に気をつけて保育を行う必要があります。

内閣府による「教育・保育施設等における事故報告集計」では死亡事故や治療に要する期間が30日以上の負傷や疾病を伴う事故等が取りまとめられています。**表7-2** は令和2年度の報告となり（一部抜粋），カッコ内の数字は死亡事故を示しています。

事故の誘因として報告されているのは「自らの転倒・衝突によるも

表7-3 保育現場での事故誘因

誘　因	発生件数
自らの転倒・衝突によるもの	473
遊具等からの転落・落下	238
子ども同士の衝突によるもの	93
その他	70
他児から危害を加えられたもの	17
玩具・遊具等施設・設備の安全上の不備によるもの	12

出典：特定教育・保育施設令和3年度分などにおける事故情報データベースを基に作成

の」と「遊具等からの転落・落下」が多くを占めています（**表7-3**）。

　子どもの視野は大人と違い，非常に狭い範囲しか認識できません。「見えているだろう」「気づいているだろう」といった保育者の思い込みは大変危険です。また事故当時，保育者が目を離していたという報告も多くあります。しかし，「より危険性を伴う遊び（大型遊具など）の方を見ていた」「他の保育者が少し保育から離れたため，そちらを見ていた」など，安全を保つための行動が結果的に裏目に出ることもあります。保育活動中は直接関わっている活動場面に注意を注ぎすぎないように視野を広く保つことが大切です。

　表7-4は場所別の発生件数です。ほとんどが保育中の敷地内で発生しています。保育室での発生が幼稚園，認定こども園，保育所すべてにおいて多くなっています。幼稚園に関しては運動場での発生も目立っています（保育所は報告件数も多いが設置数も多い）。

　用具・遊具別では「総合遊具・アスレティック」や「すべり台」での発生が目立っています。発達に応じた用具・遊具の使用だったのか，移動式の用具・遊具の場合はしっかりと固定できていたのかなどの安全管理が原因なのか，それとも子どもの不注意が原因なのか定かではありま

表7-4 保育現場での場所別発生件数

区 分		幼稚園			幼保連携型認定こども園			保育所		
		男	女	計	男	女	計	男	女	計
園内・園舎内	教室（保育室）	3,041	1,624	4,665	3,534	2,079	5,613	11,287	7,134	18,421
	実習実験室	3	0	3	4	0	4	4	2	6
	体育館・屋内運動場	277	219	496	199	149	348	257	176	433
	講 堂	54	42	96	76	32	108	132	116	248
	遊戯室	534	361	895	498	346	844	1,486	926	2,412
	廊 下	602	347	949	413	241	654	891	512	1,403
	昇降口・玄関	157	76	233	97	54	151	254	150	404
	階 段	222	149	371	118	64	182	198	143	341
	ベランダ	99	56	155	75	49	124	292	191	483
	屋 上	11	3	14	30	17	47	73	53	126
	便 所	133	107	240	120	73	193	379	214	593
	その他	59	49	108	58	36	94	148	88	236
	計	5,192	3,033	8,225	5,222	3,140	8,362	15,401	9,705	25,106
園内・園舎外	運動場・校庭（園庭）	4,162	2,827	6,989	2,623	1,780	4,403	7,404	4,898	12,302
	プール	60	31	91	41	25	66	129	58	187
	排水溝	3	10	13	0	0	0	5	6	11
	手足洗場	34	18	52	16	13	29	79	48	127
	水飲み場	13	6	19	3	0	3	27	9	36
	農 場	6	5	11	9	6	15	16	7	23
	その他	78	57	135	56	25	81	135	87	222
	計	4,356	2,954	7,310	2,748	1,849	4,597	7,795	5,113	12,908

出典：日本スポーツ振興センター『学校の管理下の災害（令和2年版）』2021年を基に作成

表7-5　体育用具・遊具別, 年齢別件数表

区分	合計	0歳 幼稚園	0歳 保育所	0歳 幼保連携型認定こども園	1歳 幼稚園	1歳 保育所	1歳 幼保連携型認定こども園	2歳 幼稚園	2歳 保育所	2歳 幼保連携型認定こども園	3歳 幼稚園	3歳 保育所	3歳 幼保連携型認定こども園	4歳 幼稚園	4歳 保育所	4歳 幼保連携型認定こども園	5歳 幼稚園	5歳 保育所	5歳 幼保連携型認定こども園	6歳 幼稚園	6歳 保育所	6歳 幼保連携型認定こども園
鉄棒	1,448	—	0	0	—	3	2	—	24	5	40	70	21	126	198	73	217	267	105	115	138	44
ぶらんこ	614	—	0	0	—	11	0	—	25	5	41	31	20	61	80	22	97	72	40	43	48	18
シーソー	33	—	0	0	—	0	0	—	2	2	3	3	0	4	2	2	6	5	2	0	2	0
回旋塔	26	—	0	0	—	0	0	—	1	1	3	1	2	2	2	1	6	1	3	1	1	1
すべり台	1,910	—	2	0	—	60	16	—	119	31	122	195	86	177	249	102	202	227	83	90	102	47
ジャングルジム	624	—	0	0	—	11	3	—	51	12	32	81	23	59	68	26	66	82	23	33	41	13
雲てい	1,191	—	0	0	—	4	0	—	19	5	39	65	25	161	148	92	206	178	87	69	62	31
登り棒	256	—	0	0	—	0	0	—	5	0	8	19	2	24	26	25	37	50	12	20	23	5
遊動円木	22	—	0	0	—	1	0	—	3	0	2	1	1	2	4	1	2	0	4	1	1	0
固定タイヤ	104	—	0	0	—	0	1	—	1	0	2	10	2	6	19	2	13	21	5	8	12	2
砂場	1,287	—	3	0	—	69	13	—	151	36	54	178	67	86	158	66	85	139	53	29	76	24
総合遊具・アスレチック	1,811	—	2	0	—	33	13	—	83	22	101	141	78	194	201	148	223	186	121	112	90	63
その他	4,173	—	3	1	—	110	17	—	219	59	129	361	122	309	506	185	417	683	275	234	402	141
合計	13,499	—	10	1	—	302	65	—	703	178	575	1,156	449	1,211	1,661	745	1,577	1,911	813	755	998	385

出典：表7-4と同じ

図7-3 誕生から18歳までの発達段階の特徴と発生しやすい事故

観点		28日	3カ月	6カ月	10カ月	12カ月	18カ月	24カ月	2歳	3歳	4歳	5歳	6歳	7歳	8歳	9歳	10歳	11歳	12歳	13歳	14歳	15歳	16歳	17歳	18歳
	法令/提唱者																								
一般的な発達段階の名称		新生児	乳児期				幼児期							児童期				思春期		青年期				
社会的な習慣や制度	母子保健法	新生児	乳児				幼児																	
	児童福祉法		乳児				幼児																	
	学校制度					就学前教育（乳幼児期）					幼稚園年少	幼稚園年中	幼稚園年長	小学校教育（児童）					前期中等教育（学生）			後期中等教育（学生）		
身体的発達	生理・形態学（ポルトマン）		生理的早産の期間								脳髄の大きさが大人と同様／アゴの発育・永久歯の萌出			体重の急激な増加／客観的な表現（絵を描くなど）・社会性の芽ばえ				身長の急激な増加／身体的発育が強化される・性的な成熟期						
	運動（小児科学・児童学・発達心理学など）		首が座る・寝返り	はう・つかまり立ち	指さし	直立歩行	階段登る・走る・ぶらさがる・滑り台・ブランコ	積み木	三輪車・ハサミの使用		登はん遊び・スキップ	身辺自立・ナイフ・紐結び	運動能力向上・速度・正確さ・安定性・協応性					運動機能は成人と同様／第二次性徴						
	生活技能						スプーン・コップの使用		排便自立															
	言語					言語	初語・一語文		多語文・話し言葉完成	会話			客観的な表現・書き言葉											
	認知		自分の名前の認識	自分の芽生え		言われたことを理解する	第一反抗期（自我のめばえ）																	
	社会性		呼びかけに反応・後追い			一人遊び	平行遊び・連合遊び		集団遊び				保護者との「タテ関係」から仲間との「ヨコ関係」				自我の発芽から自立へ（保護者からの自立＝心理的離乳）							
精神機能の発達	児童心理学（ピアジェ）		感覚運動的知能期						前操作期					具体的操作期					形式的操作期					
子どもの事故の傾向	交通事故		車に同乗中の事故	歩行中				三輪車・自転車				バイク・自動車運転										
	転落・転倒		親が子どもを落とす		歩行器・ベッド・家具・階段からの転落			家庭内窓・ベランダからの転落				遊具からの転落・学校施設などでの転落										
	溺水		入浴中・浴槽への転落						プール・川・海など													
	窒息		吐乳・飲食物（誤飲・ボタンなどの小物・ビニール袋・豆類）					こんにゃくゼリー				衣類のフードや紐類による首しまり事故・遊具での首吊り事故										
	熱・火災		熱いミルク・熱い風呂		ストーブ・アイロン・タバコの火			マッチ・ライター				花火										
	中毒・高温物質				誤飲（薬品・洗剤など・タバコ・酒類）																	
	その他				誤飲のけが・乗り物など・指などの切断・刃物																	

出典：松野敬子『子どもの遊び場のリスクマネジメント――遊具の事故低減と安全管理』ミネルヴァ書房, 2015年, p. 4

せんが，事故やケガが発生したという事実に変わりはありません。発生件数が多い箇所に特に注意して保育活動を行うというのではなく，表7-4・表7-5にある通り，いつ，どこで事故やケガが発生するかわかりません。前もって危険性があるものは排除する，正しい使用方法を伝える，子どもたちにルールを守ってもらうなどあらかじめ対応できるところは対応することで，発生の可能性を下げる必要があります。

図7-3はヒトの発達を多角的に示し，それに伴う事故の傾向を示したものです。身体的発達や認知的発達により遊びや行動に変化が生じることで，子どもの事故の傾向も変化しています。たとえば生まれた直後から数か月の間は子ども本人が原因の事故はあまり起こりません。周囲の人に巻き込まれる事故がほとんどです。その後，身体的な（正常な）発達により，子ども自身でできることが増えていきます。しかし，行動の選択はまだまだ未熟で“やってはいけないこと”などは理解できず，誤飲などの子ども自らが原因となってしまう事故が増えていきます。発達により発生する事故やケガの質が異なるわけです。保育活動を行ううえで，身体的，認知的な発達の特徴を理解し，個々に配慮しながら注視する必要があります。

3　事故防止

前項に示された事故はいきなり発生するわけではありません。必ずその伏線となる場面があったはずです。事故原因は「自然」「人工物（機械や遊具）」「人」の 3 つにわけられます。人を原因とする事故をヒューマンエラーといいます。ヒューマンエラーには「意図しない行為」すなわち過失と，「意図的行為」すなわち故意があります。ヒューマンエラーを原因とする重大事故が発生するまでには，29件の中程度・軽微な事故・災害と300件のヒヤリハットが存在するといわれています。これをハインリッヒの法則といいます（図7-4）。ヒヤリハットとは事故や

図7-4 ハインリッヒの法則

1
1件の重大な事故・災害

29
29件の中程度・軽微な事故・災害

300
300件のヒヤリハット

災害に至らなかったものの，その危険性があった場面です。"ヒヤッとした"，"ハッとした"瞬間のことです。たとえば，「給食でアレルギー対応食が必要な子どもに常食を配膳したが，子どもが食事をする前だった」という具合です。ここで気をつけたいことは，300のヒヤリハットはすべて表面化できない（報告されない）ということです。経験の浅い保育者にとって，その場面がヒヤリハットなのかどうかわからないことや，現場経験が長ければ長いほど経験が積まれることとなり，「予測」や「慣れ」により対応されてしまうからです。

　1つの重大事故を防止するためには，初期段階であるヒヤリハットの段階を教職員で共有し，対策を練ることが求められます。保育現場では「ヒヤリハット報告書」を作成，記入し，共有や研修に用いる場合があります。また，事故や大きなケガが発生した場合は，インシデント報告書（インシデントレポート）を用いて報告，共有をします。

4 リスクとハザード

　保育現場では安全な保育活動が求められます。「危ないから行わない」「危ないからさせない・やらせない」では子どもが安全・危険を感じることや，学ぶことはできません。保育者がリスクとハザードをしっかりと理解し，認識することで初めて安全な保育環境を整えることができます。

　一体リスクとは何なのでしょうか。一般的にリスクとは「ハザードのもつ"ひどさ"」×「ハザードが暴露する頻度（発生確率)」とされてい

図7-5　リスクとハザードの考え方

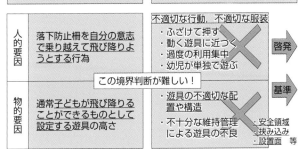

【リスク】
●遊びの楽しみの要素であり，冒険や挑戦の対象となって子どもの発達に必要な危険性（子どもにとって重要な遊びの価値）
●子どもが危険を予測し，どのように対処すればよいか判断可能な危険性
●子どもが危険を分かっていて行うことは，リスクへの挑戦

【ハザード】
●遊びが持っている冒険や挑戦といった遊びの価値とは関係のないところで事故を発生させるおそれのある危険性
●子どもが予測できず，どのように対処すればよいか判断不可能な危険性
●子どもが危険を分からずに行うことは，リスクへの挑戦ではない

		不適切な行動，不適切な服装	
人的要因	落下防止柵を自分の意志で乗り越えて飛び降りようとする行為	・ふざけて押す ・動く遊具に近づく ・過度の利用集中 ・幼児が単独で遊ぶ	啓発
物的要因	通常子どもが飛び降りることができるものとして設定する遊具の高さ	・遊具の不適切な配置や構造 ・不十分な維持管理による遊具の不良 ・安全領域 ・挟み込み ・設置面　等	基準

この境界判断が難しい！

出典：国土交通省都市局公園緑地課「公園施設の計画的な維持管理・更新に向けた取り組みについて」2014年

ます。リスクをコントロールするためには“ひどさ”にアプローチをする，もしくは発生確率を下げるような取り組みが必要です。“ひどさ”に対するアプローチとして，①ハザードの除去，②ハザードの緩和があります。発生確率を下げる取り組みとしては，③ハザードの隔離，④ハザードの制御，⑤ハザードの存在の伝達があります。

　たとえば，ハサミというハザードがあるとします。①ハザードの除去とは，ハサミを一切使用しないということです。②ハザードの緩和とは，保育者のみが使用するといったことですが，これらは現実的ではありません。また，先ほどもあったように「危ないから行わない」「危ないからさせない・やらせない」では，子どもが安全・危険について体験することができません。③ハザードの隔離とは使用しないときは道具箱などでしっかりと管理されている，④ハザードの制御とはハサミを使用する

時間は，保育者を増やすといったことです。⑤ハザードの伝達は，ハサミを使用する際の注意点や気をつけること，危険性を子どもたちに伝えるということです。

　また，子どもは，遊びを通して危険性や安全を経験することも大切です。しかし，これにも個人差があります。たとえば遊具の高いところから飛び降りるという行動が，A君にはリスクでもB君にとってはハザードの可能性があります。保育者は全体のリスクとハザードを見極めながら，子どもの発達や能力にも配慮したリスクとハザードをコントロールする必要があります（**図7-5**）。

第2節　安全教育

学習のポイント

● 災害の発生とその対応について理解しましょう
● 安全教育の取り組みについて理解しましょう
● 事故の発生とその対応について理解しましょう

1 自然災害

　私たちが住む日本は災害大国といっても過言ではありません。また，近年発生している自然災害は規模や被害が大きくなっているように感じます。

　そもそも自然災害とは，原因となる自然現象があり，その自然現象によってもたらされる災害は異なります（ 図7-6 ）。起こりうる自然現象としては，地震，津波，噴火，大雨，暴風などが挙げられます。地震と津波や噴火は関係性が高く，地震が発生することで津波が発生します（津波は必ずしも地震が原因とは限らない）。噴火に関しても地震が前後で関連してくることが多くあります。大雨も台風を起因とするものもあれば，前線の活発化によるものもあります。

　その自然現象により，人的，物的な被害が発生するのが災害となります。大きく被害を受ける質は自然現象により異なります。

　地震の場合，一番は家屋の倒壊が心配されますが，1981年以降に建築された建物は，震度6に耐えられる基準になっています。しかし，倒壊は免れても，建物がダメージを受けている可能性もありますので注意が必要です。他にも電信柱が倒れていることや，その影響で電線が切断されていることもありますので，発生時は周囲をよく観察します。ガラスがわれる可能性もありますので飛散防止フィルムなどで日頃から対策を

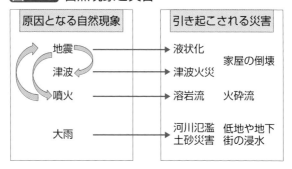

図7-6 自然現象と災害

原因となる自然現象	引き起こされる災害
地震	液状化　家屋の倒壊
津波	津波火災
噴火	溶岩流　火砕流
大雨	河川氾濫　低地や地下 土砂災害　街の浸水

しておきます。ブロック塀の倒壊などもありえますので，保育施設周辺のオリジナルハザードマップ，避難場所までのハザードマップを作成しておくとよいでしょう。

　津波や河川氾濫の際に，水源（海や川）から遠く逃げることを水平避難といい，高い場所へ逃げることを垂直避難といいます。水平避難の際に注意しておきたいのは，水は水源方向からくるとは限らないということです。水は低いところへ流れていきます。さらに住宅などの家屋が水の流れの複雑性を生みます。逃げようとしている方向（正面）など思いもしない方向から水が流れてくることもあります。坂道や地域の高低差など避難場所までの経路の特徴を知っておくことが安全な避難につながります。

　津波や河川氾濫，土砂災害などは自治体からハザードマップが出されています。**図7-7**は，東日本大震災前に各自治体が出していたハザードマップと実際の津波の浸水被害の比較報告です。ほぼハザードマップの想定通りに浸水した都市（右図の宮古市）もあれば，想定以上の浸水，被害を被った都市（左図の仙台市）もあります。東日本大震災以降，ハザードマップの見直しが行われています。しかし，「ここはハザードマップでは大丈夫」と思わず，ハザードマップは参考にするような気持ちで防災計画を立てるのも大切です。

図7-7　東日本大震災の実際の浸水範囲と当時のハザードマップ

東北地方太平洋沖地震の浸水範囲と
仙台市津波ハザードマップとの比較

東北地方太平洋沖地震の浸水範囲と
宮古市津波ハザードマップとの比較

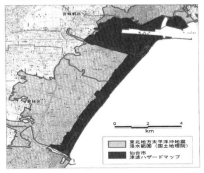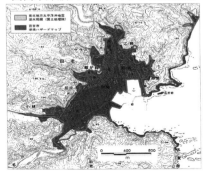

出典：内閣府「東北地方太平洋沖地震を教訓とした地震・津波対策に関する専門調査会」第1回会
合資料3-2，2011年

コラム7-1　東日本大震災

　東日本大震災発生直後に迎えにきた保護者に引き渡した後，津波に
巻き込まれ行方不明・死亡となった子どもは111名でした。「引き渡し
訓練」が行われる場合がありますが，「引き渡さない」ことも検討す
る必要があります。現状では，津波発生時に引き渡すかどうかは明確
な指針がないため，非常に難しい選択を迫られます。

---

2 自然災害における安全教育・安全対策

　普段の保育活動はもちろんのこと，行事を通して子どもたちにはさま
ざまな安全教育を実施します。ときには保護者や地域の人々と一緒に行
う活動もあります。

　2017（平成29）年5月以降，浸水想定区域や土砂災害警戒区域に立地

表7-6 警戒レベルの一覧表

避難情報等	住民がとるべき行動	行動を促す情報	発令される状況
【警戒レベル5】	命の危険直ちに安全確保！	緊急安全確保（市町村長が発令）	災害発生又は切迫
～《警戒レベル4までに必ず避難！》～			
【警戒レベル4】	危険な場所から全員避難	避難指示（市町村長が発令）	災害のおそれ高い
【警戒レベル3】	危険な場所から高齢者等は避難	高齢者等避難（市町村長が発令）	災害のおそれあり
【警戒レベル2】	自らの避難行動を確認	大雨・洪水・高潮注意報（気象庁）	気象状況悪化
【警戒レベル1】	災害への心構えを高める	早期注意情報（気象庁）	今後気象状況悪化のおそれ

出典：内閣府（防災担当）『避難情報に関するガイドライン』2021年改訂（2022年6月更新）を基に作成

し，かつ市町村地域防災計画に定められている社会福祉施設や学校（ここでいう幼稚園）の所有者や管理者には，避難計画の作成や避難訓練の実施が義務づけられました。ただし，これより前から現場では避難計画の作成や避難訓練の実施が行われてきました。また，所有者や管理者は警戒レベル3の段階で避難支援を行うことが望ましいとされ（**表7-6**），そのためにも警戒レベル2の段階から情報収集を行うことが望ましいとされています。

①避難訓練

避難訓練と一言でいっても内容はたくさんあります。というのも，災害に応じて避難方法の中身が変わるからです。また，災害によっては他の施設へ避難することもあります。

地震による避難訓練は，地域によっては津波も想定した訓練になっていることがほとんどです。大きな地震が発生した場合は，緊急地震速報

が流れます。保育施設で緊急地震速報を受信する機器が設置されている
ところがあります。そのような機器は訓練用に受信音を流すことも可能
になっています。受信音を流すことで子どもたちに「この音が流れれば
地震がくる」ということを伝えることができます。

　火災を想定した訓練では，放送などを使って火災の発生と火元を伝え
ます。放送機器のない場合は教職員が大声を出して早急に知らせます。
火災は風や乾燥などの気象条件により，火の回りが訓練の想定と異なる
場合があります。園舎内の避難経路もいくつかのパターンを用意してお
くことが望ましいでしょう。また，火災の場合は，近隣で発生した火災
への注意も必要です。延焼により火が向かってくることや風の影響で煙
や黒煙が充満する可能性もあります。そのようなことも念頭においた火
災時の計画を立てることが望ましいでしょう。

　水害を想定した訓練としては，大雨による周辺道路の冠水や床下，床
上の浸水と洪水が主に考えられます。大雨では特にゲリラ豪雨により排
水機能が追いつかず，河川は氾濫していないが冠水や浸水が起こる可能
性があります。この場合は保育時間中も想定されるので，先述した垂直
避難を基本とする訓練になることがほとんどです。多くの洪水の場合は，
発生以前から気象庁から大雨警報や洪水警報が発表されています。気象
庁によると，洪水とは河川の流量が大雨や雪解けにより異常に増加した
ことにより，橋の流出，堤防の決壊などにより起こる災害のことをいい
ます。このような状況では子どもを預かっていない可能性もありますが，
教職員の安全を守るためにも避難場所の確認は大切です。

　このように災害に応じた避難先，避難経路が求められ，かつ，子ども
が一緒に避難するということを第一に考えます。避難訓練の際には，何
を持って避難するのか，持出備品の確認，災害時に使用する可能性のあ
る備品が正常に使えるのか，作動するのかをチェックする必要がありま
す。いざというときに電池が切れてラジオが聞けない，懐中電灯が点か
ないことがないようにします（図7-8）。

図7-8 災害発生時の対応

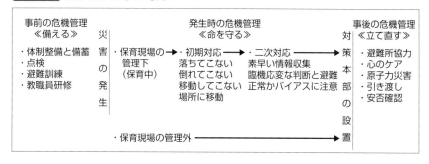

出典：文部科学省『学校防災マニュアル（地震・津波災害）作成の手引き』2012年を基に作成

　また緊急時の子どもの保護者への引き渡しについては，日頃から検討・方針を示しておき，あらかじめ保護者に緊急時の受け渡しについて理解を得ることも大事になります。

　災害が発生した際には，迅速に対応できるように，日頃からの準備や用意が必要です。そのためにも防災マニュアルや防災・減災に関する年間計画を作成し，必要に応じて見直し改善を図っていく必要があります。

　安全管理に関する取り組みは事前の対応と事後の対応にわけることができます。**図7-9**の「リスクマネジメントの全体像」については，上述した「リスクとハザード」でも同じように対応することができます。

　事前の対応として，避難訓練や設備等の点検も大事ですが，その後の復旧，再開の計画も非常に大切になってきます。そのためにも保育現場では「事業継続計画（Business Continuity Planning：BCP）」の策定・構築が求められます。事業継続計画とは，自然災害や紛争により事業の継続（教育・保育施設としての役割，機能）が困難になった場合，継続するための計画と，元通りに戻していくための計画です。たとえば，大規模な地震が発生し被害が大きく，町全体で傷病者が多数いる，園舎の損壊があるなど被害を被った場合，どの程度機能を維持するのか，受け入れ人数の制限や完全休園をどの程度の期間実施するのか，教職員も被

図7-9　リスクマネジメントの全体像

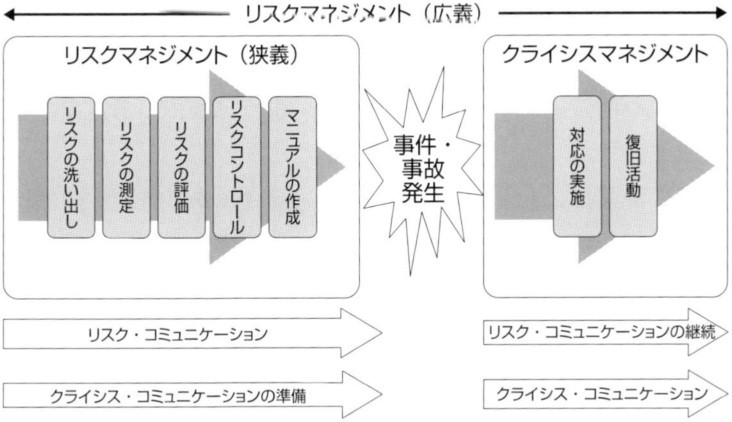

出典：宇於崎裕美・掛札逸美『人と組織の心理から読み解くリスク・コミュニケーション
　　　──対話で進めるリスクマネジメント』日本規格協会，2012年

災者であることを念頭に段階を追って再開するなどを事前に計画してお
きます。

②交通安全教室

　警察庁の報告（2020（令和2）年）によると幼児（未就園児・就園児）
の交通事故による死亡・重傷者の状況は多い順に，歩行中，自動車乗車
中，自転車乗車中となっています。自動車乗車中，自転車乗車中の事故
は，他の大人が原因となることがほとんどであり，子どもが原因となる
ことは，幼児の年代ではほぼありえません。たとえばチャイルドシート
は，6歳未満の子どもに対しては着用が義務とされ，自転車安全利用五
則では，自転車は車道が原則，子どもはヘルメットを着用と記されてい
ます。交通事故に関する予防は教育・保育施設側の取り組みのみでは限
界があります。保護者や地域の人々も参加できる交通安全教室やお知ら
せを通して，交通安全への意識を高めてもらいます。

③不審者対策

　不審者が侵入してくることも想定しておくべきです。どのようにして，

どこへ避難するのか，警察への連絡，刺又の保管場所や取り扱いなど，指示系統や役割を明確にしておきます。さらに近隣の住民からも協力を得ることができるよう，日頃から関係を築くことが必要になります。また，入り口や門の施錠，死角をつくらないように枝木の剪定なども行っておきます。

登園時や降園後にも不審者に遭遇する可能性はあります。登下校防犯プランでは，①地域における連携の強化，②通学路の合同点検の徹底および環境の整備，③不審者情報の共有および迅速な対応，④多様な担い手による見守りの活性化，⑤子どもの危険回避に関する対策の促進という5項目が挙げられています。

演習課題

❶　ハザードマップは，災害ごとに作成されています。どのような種類のハザードマップがあるか調べましょう。

演習課題解答

❶　ハザードマップは，河川氾濫を主とする「水害（洪水）」を基本とし，河川が多くある地域では「○○水系」と河川ごとに作成されます。他には「津波浸水」「土砂災害」など，これらを総合的に統括したハザードマップがあります（解答例）。

参考文献

- 今井博之「障害制御の基本的原理」『日本健康教育学会誌』第18巻第1号，2010年，pp. 32–41
- 宇於崎裕美・掛札逸美『人と組織の心理から読み解くリスク・コミュニケーション──対話で進めるリスクマネジメント』日本規格協会，2012年

●衛藤隆・岡田加奈子編『学校保健マニュアル　改訂 9 版』南山堂，2017年

●厚生労働省『授乳・離乳の支援ガイド』2007年

●厚生労働省「令和 2 年人口動態統計月報（概要）」2021年

●国土交通省都市局公園緑地課「公園施設の計画的な維持管理・更新に向けた取り組みについて」2014年

●小松原明哲『ヒューマンエラー　第 2 版』丸善出版，2008年

●内閣府「東北地方太平洋沖地震を教訓とした地震・津波対策に関する専門調査会」第 1 回会合資料 3 - 2，2011年

●内閣府『登下校防犯プランに基づく取り組み状況（概要）』2018年

●内閣府「令和 2 年度教育・保育施設等における事故報告集計」2021年

●内閣府（防災担当）『避難情報に関するガイドライン』2021年改訂（2022年 6 月更新）

●日本スポーツ振興センター『学校の管理下の災害（令和 2 年版）』2021年

●松野敬子『子どもの遊び場のリスクマネジメント――遊具の事故低減と安全管理』ミネルヴァ書房，2015年

●文部科学省『学校防災マニュアル（地震・津波災害）作成の手引き』2012年

●文部科学省『学校安全資料「生きる力」をはぐくむ学校での安全教育』2019年
https : //www.mext.go.jp/a_menu/kenko/anzen/1416715.htm（2022年 9 月12日アクセス）

●渡邉正樹編著『学校安全と危機管理　三訂版』大修館書店，2020年

第**8**章

現代的課題
──多様な保育ニーズへの対応──

・・・

　社会を取り巻く状況は日々変化しています。このような状況を反映して，今，保育者には多様なニーズに対応できる知識や技術が求められています。本章では，ICT の活用，異文化・多文化理解などの新しい知見，指導計画や評価に関する基礎的事項の理解，さらには，保育者自身のストレス対処法など保育を取り巻く現代的課題について取り上げます。

第1節　保育における ICT

学習のポイント

- ●ICT 活用で生まれる教育的効果について考えてみましょう
- ●ICT を用いる際の留意点を挙げてみましょう

1 ICT 活用の現状

1 保育における ICT 活用の考え方

　ICT とは，Information and Communication Technology（情報通信技術）の略称です。幼稚園教育要領や幼保連携型認定こども園教育・保育要領のなかでは，「情報機器の活用」といった項目を取り上げ，保育のなかで活用することを推奨しています。一方，就学前の教育においてICT の活用は発達段階の観点から，子どもに良い影響を与えないのではないかという意見も根強く残っています。それは，保育が子どもの直接的な遊びや体験を重要視しているからです。子どもにとって ICT を活用することは，保育を豊かにし，新しい学びにつながる可能性を秘めています。学びの動機づけとして，使用する目的や方法を十分に検討したうえで効果的な活用を行っていくことが期待されます。

2 デジタル社会のなかの保育

　現在の子どもたちは，パソコンやスマートフォン，タブレットなど，生まれたときからデジタル機器に囲まれた環境のなかで育っています。当然，子どもたちも家庭のなかでデジタル機器に接する機会は少なくありません。直接的な体験の重要性を保育の基本としていることに異論はありませんが，保育をより豊かにする環境，道具の一つとして ICT の活用は今後進んでいくものと思われます。

2 活用事例

　保育のなかで，ICT をどのように活用していくのかについては，現在，定められた基準というものがありません。現状は，保育者側の事務的な業務に使用する機器の予算が配分され，整備が進んでいる状況だといえます。そのようななかでも，タブレットは ICT 機器のなかでも多く用いられている機器の一つといえます。1 人 1 台，2 人で 1 台というように，他の機器と比較して安価で購入しやすい，アプリが充実している，子どもだけで操作ができるなどが利点といえます。ここでは，タブレットを用いた健康指導の活用例を紹介します。

①みんなで手を洗いましょう

　感染症予防のため，1 日に何回も行う手洗いについて，年長児から年少児へ手洗いの方法を伝える動画を作成し，園児全員で実際にやってみるといった取り組みです。まずは，参考図書やポスターをもとに，手洗いの順番を確認します。次に，手洗いの様子を年少児にわかりやすく伝えるための動作確認を年長児クラスで行います。ゆっくりと丁寧に演じているかなどクラスの仲間同士で見せ合い，「もっと動作を大きく，何回も繰り返す」など相互に意見を出し合います。動作確認が終わったら，保育者がタブレットを用いて撮影します。説明のための台本づくりや説明する役割は，年長クラスの子どもたちで分担します。最後に年長児と年少児がペアになり，一緒に手洗いを行いました。年長クラスのお兄さん・お姉さんは堂々と演じており，子どもたちの成長を感じるものになりました。

②クラス対抗リレー

　クラス対抗リレーの練習の様子をタブレットを使って撮影し，何回も視聴を重ねました。バトンパスのタイミングや，走る順番決めの話し合いなど，年長クラスでは，協力や勝敗への意識の高まりがみられ，動機づけとして効果がありました。保育者は，場面に応じたアドバイスやヒ

ントを子どもたちに投げかけ，双方向のやりとりを積極的に行いました。保育者は，子どもたちが試行錯誤をしながら一つのものをつくり上げる様子を見守る姿勢でのぞみました。

　上記の活用例にみられるように，効果的な ICT の活用を通して，普段体験できないようなことも保育に取り入れることが可能となります。活用後は，目的や方法にふさわしい ICT の活用であったかどうかを検証し，今後の新しい展開につなげていくことになります。

第2節 異文化理解・多文化共生と健康

学習のポイント

● 異文化理解・多文化共生について説明できるようにしましょう
● 特別な配慮を要する子どもへの健康（運動）指導のあり方について考えてみましょう

1 日本語指導の必要な子ども

　文部科学省が実施した調査結果によると，2021（令和3）年度の時点で公立学校における日本語指導の必要な児童生徒数（外国籍・日本国籍）は，5万8,353人でした。幼稚園や保育所に在籍する子どもの数の詳細は明らかになっていませんが，小学校に通う児童の大半は，日本のいずれかの保育機関で過ごしていた時期があると考えられます。特に，外国籍の子どもは，言語，宗教，生活面など，多様な背景をもっています。このような背景を理解することが，それぞれの子どもに適切な支援を行っていくためには欠かせません。

　生活を共に過ごす園において，配慮すべき事項として宗教的な背景の違いがあります。たとえば，イスラム教圏出身の子どもの場合，園で提供する給食については，事前に，保護者と相談を行い，共通理解をしておくことが必要です。また，社会的・経済的状況の変化により，子どもたちが安心して学習することが困難になっている場合もあります。自分の母国語や文化とは異なる環境で学んでいるうえに，社会・経済的な条件の変動により，さらなる困難に直面している子どもの実情を把握することが大切です。以下に外国籍の子どもを受け入れる保育および保育者の留意点を挙げます。

・通訳ボランティアやコーディネーターの助けを借りながら，その子どもの国の資源を使い，保育教材として活用する（食育，行事，スポーツ等）。
・国によって，子育てに対する考え方や習慣が異なるため，保護者との連携を密にし，関係性のコツをつかむようにする。
・言語や文化の違いではなく，その子ども自身の個性を大事にし，子どもの文化を大切にする。

2 外部支援の活用

　保育者の役割として重要なことは，子どもの個人差や多様性を認め，育ってきた環境を理解することから始めます。子どもがやってみたいと思う気持ちを尊重し，保育者が手助けをしながら，生活に必要な習慣づくりや遊びを行っていくことなどが挙げられます。多くの遊びや身体活動，スポーツなどは，異文化・多文化共生社会において，その活用には意義深いものがあります。外国籍の子どもからその国の伝統的なダンスを習う，共通するルールが存在するボールゲームを一緒に行うなどは，言葉の壁を越えた子ども同士のコミュニケーションづくりには欠かせないものとなっていくでしょう。

　小学校以降の学校教育では，さまざまな教育活動において，学校外部の人材を多く迎え入れており，一定の成果が認められています。同様に，諸外国での経験や知識をもった支援者が保育に参加することが，子どもたちの新たな学びと視野の広がりにつながっていくことになります。園外の人的資源を有効に活用するためには，自治体や地域社会において協働体制の構築を進めるとともに，相談や情報提供を行っていくことが望まれます。

3 特別な配慮を必要とする子どもへの指導

　特別な配慮を必要とする子どもへの健康指導，なかでも身体活動を伴う指導は，万全な準備と対応が必要です。安全を第一に考えることは当然ですが，個々の子どもの状況に応じた対処の仕方が求められます。安心して活動に取り組めるような環境づくりを行う，保育補助や介助者の協力を得て，子どもが満足感と達成感をもてるような展開が求められます。以下に，配慮を必要とする子どもへの指導上の留意点を挙げます。

・ボールなどの遊具は，当たっても痛くなく，操作しやすい（扱いやすい）大きさのもの，柔らかい材質のものを使う。

・怖がっている子どもには，できる範囲で挑戦させたり，保育者が子どもと一緒に行い，「やってみよう」という気持ちにさせる。

・「がんばれ」だけでなく，何を頑張るのかなど具体的に子どもに伝える。

・できなかったことができたなど，少しの進捗をほめる。

・ICT の積極的活用，たとえば，跳び箱を用いる遊びでは，手のつき方や体の動かし方などをスロー映像で繰り返し見せ，理解できるよう指導の工夫をする。

第3節 領域「健康」の指導にあたって

1 教育課程・全体的な計画とカリキュラム・マネジメント

　各園では，園（幼稚園・保育所・幼保連携型認定こども園）の方針や目標に基づき，「幼児期の終わりまでに育ってほしい姿」を踏まえながら，子どもの発達過程，園や地域・家庭の実態を考慮して，創意工夫を生かした教育課程・全体的な計画を編成します。

図8−1 保育における PDCA の考え方

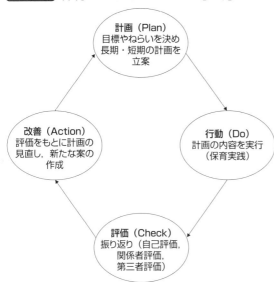

計画（Plan）
目標やねらいを決め
長期・短期の計画を
立案

行動（Do）
計画の内容を実行
（保育実践）

評価（Check）
振り返り（自己評価，
関係者評価，
第三者評価）

改善（Action）
評価をもとに計画の
見直し，新たな案の
作成

　教育課程・全体的な計画は，園生活の大まかな教育・保育の道筋を示したものであり，教育課程・全体的な計画をもとに日々の保育が実践されます。保育の質を向上させていくためには，1年間の保育実践を積み重ねた後，保育を振り返り，園の方針や目標，環境の構成，指導方法など評価を改善していく「カリ

キュラム・マネジメント」が必要となります。全教職員の協力体制のもと，組織的かつ計画的に教育活動の質の向上を図ることが，カリキュラム・マネジメントを実施する目的であり，PDCAサイクルに基づいた教育課程の編成や指導計画とその見直し，環境構成，人員配置，予算の使い方等すべてを含んでいます（**図8-1**）。

2 教育課程の編成

1 教育課程・全体的な計画とは

　「教育課程」とは，幼稚園の入園から卒園（修了）に至るまでの期間において，教育目標や方針に基づいてどのような教育を進めていくのかを示したものです。保育所においては，保育の内容が保育所の生活の全体を通して，総合的に展開されるように計画したものを「全体的な計画」といいます。「全体的な計画」とは，従来の「保育課程」に新しい視点をプラスしたものです。この「全体的な計画」は，今までの保育課程より乳幼児期の教育を重視しているというのが大きなポイントです。イメージとして，従来の保育課程は全体的な計画のなかに含まれる内容の一つと考えれば理解しやすいと思います。子どもが園に通う0〜5歳，あるいは3〜5歳の期間で保育の目標を達成するために，園でどのような見通しを立て保育を進めていくかを示したものです。子どもの発達を考慮しながら，日々の生活や遊びで子どもが積み重ねていく体験や，保育者の援助を明らかにすることを目的とし，園全体で作成します。同様に，幼保連携型認定こども園の場合も，園に通う子どもを対象に，園の方針や目標に基づき，入園から卒園（修了）までの期間の教育および保育の内容を構成したものを「全体的な計画」としています。

　これまでは，幼稚園は「教育課程」，保育所は「保育課程」，幼保連携型認定こども園では「全体的な計画」と示していました。しかし，2018（平成30）年4月（2017（平成29）年改訂（定））からは，幼稚園，保育

所および幼保連携型認定こども園における教育・保育の内容と保健計画や安全計画・食育計画などを関連させ，一体的に行われるよう「全体的な計画」を作成する必要性が示されています。幼稚園では，教育課程を中心に，それ以外の時間の教育活動の計画，安全・防災，保健などの計画等を全体としてまとまりのあるものに作成していくことになります。幼児期の終わりまでにどのように育ってほしいのかという具体的な姿を意識しながら，「全体的な計画」を立てる必要があるといえます。

② 指導計画とは

　指導計画に基づいた指導とは，あらかじめ考えた"仮説"をもとに幼児期にふさわしい生活を展開して必要な経験を行えるよう指導することです。幼児教育は，環境を通して行うことを基本としています。環境と子どもが関わりながら行う活動は一様ではありません。ときには保育者の予想とは異なった展開もみられます。実際に指導を行う場合には，子どもの発想や活動の展開を第一にしながら，指導計画にあらかじめ設定した活動内容に修正を加え，環境の再構成や必要な援助を行うなど，保育者の適切な指導と柔軟な対応力が求められます。

　指導計画を作成する際には，子どもの発達の実態を踏まえながらも，共通する部分を手がかりとして作成されることがほとんどです。しかしながら，具体的な指導場面では，個々の子どもの発達や内面の動きなどを的確に把握し，それぞれの子どもの興味や欲求を十分満足させることを考えなければなりません。

③ 長期の指導計画

　長期の指導計画は，年・学期・月といった比較的長い期間を見通した計画です。各園の教育課程・全体的な計画に基づき，子どもの発達を長期的にとらえ，園の教育課程・全体的な計画をもとに具体的な指導内容や方法を示したものです。長期の指導計画は，季節や行事などを中心に，健康指導のねらいと内容，環境構成，保育者の関わりを考えながら作成していきます。 表8-1 は，領域「健康」に関する長期（学期）の指導

表8-1　長期（学期）の指導計画　領域「健康」のねらい・目標例（3学期、1月8日～3月15日）

	健　康	食　事	排　泄	着　脱	清　潔	運動・遊び	食　育
年少 （3歳児）	・健康な生活をするための服装や清潔に対する方法を理解し、保育者の言葉かけにより、自らしようとする ・食や生活によって成長したことの大切さを知る	・箸を正しく持って食べようとする ・食事のマナーを意識する（座って食べる、こぼさずに食べる、左（右）手を添える等）	・排便後の始末を自分で行う	・服の前後、ボタンつけ、靴の左右などの間違いに気づいて、直そうとする	・必要なときに手洗いを自らう行う ・用途に合わせてうがいをする ・食後の歯磨きがを自ら行う	・曲に合わせてからだって身体表現を楽しむ ・マラソンやサーキット等の冬の運動を楽しむ	・収穫した野菜を調理し、食べる喜びを味わう
年中 （4歳児）	・自分の体に興味をもち、健康であるために必要な食事や遊び、休息の大切さを知る	・食事のマナーを守る（前を向いて食べる、食べこぼしに気をつける）	・生活（活動）の節目で見通しをもち、排泄に行く	・衣類の裏返しを戻す ・上着やコートなどを一人で着ようとする ・靴や帽子などを決められた場所に置く	・手洗い、うがい、歯みがきを自ら行う	・縄跳び、ボール遊び、マラソンなど等みんなで同じ運動（遊び）を楽しむ ・協力や共通のルールを守って楽しく遊ぶ	・カレーづくり、園の畑でつくったジャガイモの調理をする
年長 （5歳児）	・寒さに負けずに意欲的に体を動かす	・決められた時間内に食事を終える（30分） ・食事のマナーの再確認	・きれいにトイレを使う	・寒暖差に応じた被服の着脱を自分で行う	・身の回りを清潔にする意識が身に付き始める	・最後まで全力で走りぬく（リレー） ・ルールを守る（鬼ごっこ） ・馬跳びや逆上がりにチャレンジする	・作った人や調理する人への感謝の気持ちをもつ

出典：安家周一『0～5歳児　子どもの姿からつむぐ指導計画　ようこそあけぼのの子育て村へ』ひかりのくに、2017年を基に作成

計画例を示しました。ねらいや目標を設定する際の参考にしましょう。

4　短期の指導計画

　長期的に子どもの生活や発達を見通した指導計画に対して，日々の子どもの生活に即した計画が短期の指導計画です。短期の指導計画は，週の計画「週案」と1日の計画「日案」があります。園では，生活（保育）の連続性を考え，1週間単位もしくは2週間単位で計画を作成することが比較的多いといえます。週案や日案の具体的なねらいや内容の策定にあたっては，長期の指導計画に基づき，また，他の5領域との関連性を踏まえた計画案を作成していくことが必要です。子どもの発達時期において「育ってほしい10の姿」や「育みたい資質・能力の3つの柱」の観点から「ねらい」が設定され，そのためにはどのような活動を通じて，子どもたちが何を経験していくかという具体的な内容を示すことが大切です。

5　健康指導における環境構成

　健康の指導内容は，生活習慣の形成と運動面における指導に大別されます。運動面における指導を行ううえで，環境構成は重要なポイントになります。子どもたちが自発的に遊ぶことを念頭に，安心・安全面に配慮しながら，園庭などの環境の整備，各種遊具や用具の配置，子どもの動線などを考えた環境構成が必要です。

3　評　価

　指導計画に基づいた保育実践の後には，保育を振り返り，評価することが大切です。保育の評価には，2つの視点があります。1つは，指導の過程や子どもとの関わりを振り返り，保育実践の改善につなげるもの，もう1つは，子ども一人ひとりのよさや可能性，育ちを評価する子ども理解についてです。保育者側と子ども側の両方の視点から評価することが必要です。

　指導の過程の評価では，保育の計画と記録から，保育者の実践を振り返ります。評価の観点として，①設定したねらいや内容は，子どもの実態に即していたか，ズレはなかったか，②子どもが興味や関心をもち，主体的に関わることのできる環境構成はできていたか，③保育者の援助は子どもの気持ちをとらえたものであったか，等の観点に基づき評価を行っていきます。実際の保育を振り返ることは，より望ましい保育を展開していくなかで欠かせません。一方，子ども理解の評価では，保育実践のなかでの子どもの行動や関わりを丁寧に振り返り，その行動や関わりの意味をとらえることが大切です。子どもの理解に基づいた評価について，幼稚園教育要領，幼保連携型認定こども園教育・保育要領には，評価の妥当性や信頼性が高められるような創意と工夫が大切であると述べられています。妥当性と信頼性のある評価には記録も大切であり，保育の様子を写真やビデオに収録する「ドキュメンテーション(3)」「ポートフォリオ(4)」「ラーニング・ストーリー(5)」等，多くの記録方法があります。各園の実態に即した有効な記録のあり方を検討していく必要があります。評価においても，**図8-1**のPDCAの考え方に基づいた循環（サイクル）のなかで評価を実施することが必要です。

第4節　園行事

学習のポイント

● 行事の意義を理解しましょう
● 園外保育のねらいや目的について説明できるようにしましょう

1 行事の意義

　園では年間を通じてさまざまな行事が行われます。園行事は，日々の園生活に変化と潤いを与え，行事を通して子どもたちの成長が感じられる場となります。たいていの場合，行事は年間計画のなかに組み込まれます。ひな祭りや，クリスマス，餅つきなどの伝統的な年中行事と，毎月の誕生日会や運動会，生活発表会など園独自に行われるものに大別されます。いずれも，季節が巡ってくると毎年行われる行事は，子どもの記憶に深く刻まれ，主体的な活動を引き出すきっかけとなります。たとえば，運動会に参加する年少児は，年長になれば「リレーができる」「ソーラン節が踊れる」など，期待感をもちながら行事に参加しています。そのことが新たな意欲や動機づけにもつながっていきます。子どもたちの実態を踏まえながら，行事を計画し，見通しをもって活動に取り組めるよう適切な保育者の援助が求められます。

　 表8-2 では，園における代表的な体育的（運動や身体活動を伴う）行事のいくつかを紹介します。園児だけではなく，保護者や地域住民も参加する行事が多くあります。

表8-2 園における体育的行事例

月	園　児	保護者	地域住民
4	・散策（1回／週）		
5	・小学生との交流会 （ミニ運動会） ・徒歩遠足		・小学生との交流会 （ミニ運動会）
6	・日曜参観 （親子でゲーム） ・水遊び開始	・日曜参観 （親子でゲーム）	
7	・プール開始		
8	・お泊り保育 ・ファミリープール	・ファミリープール	
9	・プール終了 ・運動会練習 ・お年寄りとの交流会 （ボーリング大会）		・お年寄りとの交流会 （ボーリング大会）
10	・運動会 ・畑作業 （収穫〜調理）		・畑作業（収穫）
11	・バス遠足		
12	・クリスマス会 （ダンスパーティ）		
1	・親子マラソン	・親子マラソン	
2	・縄跳び大会		
3	・お別れ遠足	・お別れ遠足	

2 運動会

　運動会は，日頃の保育の成果を運動を通して公開する場といえます。子どもにとっての運動会は，日々の遊びの延長線上にある活動ですが，

子どもたちが運動会という共通の目的をもって準備に取り組むことにより，さまざまな経験ができる場といえます。運動会は，運動会当日だけでなく，事前の練習段階から事後の振り返りまでを通して，期待感をもつ（意欲），主体的に取り組む（態度），達成感や充実感を味わう（心情）といったねらいがあります。

3 園外保育（遠足・散歩・お泊り保育など）

　園外保育の主なものには，近隣の公園への日常的な散歩をはじめとして，徒歩またはバスや電車を使って実施される遠足，園児だけの参加，保護者も参加する親子遠足などさまざまです。また，夏休み中に行われるキャンプやお泊り保育など，地域や子どもの実態に即した多くの園外保育があります。自然や社会生活にふれながら，経験を通して子ども自身が得る多くの気づきが，その後の生活や遊びを広げるきっかけとなります。

コラム 8−1　　お弁当

　遠足や運動会に欠かせないお弁当についてです。最近はお弁当づくりが保護者の負担にならないように「おにぎり」とメニューが決められている園が多くあります。おにぎりもゴミが出ないように，大きなおにぎりの中におかず（具）を入れ１つにまとめます。ラップかアルミホイルで包み，食べた後は各自丸めて持ち帰ります。

第5節　保育者の健康

学習のポイント

- 保育者のストレスとはどのようなものか考えてみましょう
- 保育者に求められる資質について理解しましょう

1 ストレス対処

　保育者も子どもと同様に，ときには体調を崩したり精神的に疲れたりして健康状態に変調をきたすことがあります。保育者として働くことにやりがいを感じつつも，毎日の教材準備や保護者対応に追われるといった実態もあります。そのようななかで，ストレスに対処する術を身に付けておくことも保育者として必要なことです。自分自身の長所や能力を把握する，研修会や勉強会に参加し新しい知見を得る，読書で知識量を増やす，趣味や好きなことを行う時間を確保する，困ったときには迷わずに相談するなどが大切です。自信をもって日々の保育に臨めるよう保育者として自らの環境を整え，新鮮な気持ちで仕事を行っていく意識をもち続けることが重要です。

2 園におけるコミュニケーションについて

　保育者同士のコミュニケーションが不足していれば，保育者，子ども双方にとって居心地のよい園とはいえません。同じ職場（園）で働いていても，保育に対する考え方（保育観）は保育者一人ひとり異なります。担任として，自分のクラスをもっていても，保育はチームワークで成り立っています。意見が異なるときは，相手の意見を聞いたうえで，自分

の意見を伝える姿勢が大切です。子どもにとって最善の保育を提供するためには，保育者同士のコミュニケーションづくりは欠かせません。子どもたちは，保育者同士の様子を大人が考えている以上に敏感に感じ取っています。子どもへの関わりと同じように，共に働く保育者の良いところ，学ぶべきところをみつける努力も必要でしょう。

3 子どもと関わる保育者として

　保育者は子どもにとって最高のモデルです。明るく快活に行動し，楽しんで活動している保育者の姿は，子どもにとって心地よいものです。子どもたちは遊びのなかでは，保育者を一人の仲間としてみています。一方，保育者を心の拠り所としており，保育者の言葉や態度，物事の対処の仕方などを敏感に受け止め，自分のなかに取り入れようとする傾向があります。日々の生活を共にするなかで，子どもは保育者を学習対象者としています。したがって，基本的な生活習慣形成のモデルとしてもその役割は重要です。

演習課題

❶　ICT を使って領域「健康」に関わる指導プログラムを考えてみましょう。

演習課題解答

❶　テーマ「おうだんほどうのわたりかた」
　保育室全体を道路に見立て，プロジェクターで壁面に横断歩道や信号機を映す。子どもたちは道路を横断する体験を行う（解答例）。

注

(1) 文部科学省総合教育局制作局国際教育科報道発表「『日本語指導が必要な児童生徒の受け入れ状況等に関する調査（令和 3 年度）』の結果（速報）について」2022年 3 月25日

(2) 日本の給食は，1889（明治22）年，山形県鶴岡市の寺院で，和尚たちが恵まれない家庭の子どもたちのために弁当を提供したことが始まり。戦争の影響で一時中断したが，1947（昭和22）年に再開した。基本的に幼稚園から中学校までが対象。

(3) レッジョ・エミリア市発祥の幼児教育法の一つで，子どもの活動を写真や動画，音声，文字などで視覚的に記録する。記録，振り返り，予想，計画の視点で考えることができるため，日本では「保育活動の見える化」といった意味で用いられる。

(4) ポートフォリオとは，子どもの育ちを記録し，それを蓄積していくこと。

(5) ニュージーランドの幼児教育で用いられている手法の一つ。日本語では，「学びの物語」といわれ，子どもが「こうしたい」という思いを理解し，その可能性を伸ばしていこうとする観察・記録の方法。

参考文献

● 秋田喜代美・宮田まり子・野澤祥子編著『ICT を使って保育を豊かに——ワクワクがつながる＆広がる28の実践』中央法規出版，2022年

● 安家周一『0 〜 5 歳児　子どもの姿からつむぐ指導計画　ようこそあけぼの子育て村へ』ひかりのくに，2017年

● 汐見稔幸・無藤隆監修，ミネルヴァ書房編集部編『平成30年施行　保育所保育指針　幼稚園教育要領　幼保連携型認定こども園教育・保育要領　解説とポイント』ミネルヴァ書房，2018年

● 清水将之・相樂真樹子編著『実践例から学びを深める　保育内容・領域　健康指導法』わかば社，2022年

● 保育総合研究会監修『平成30年度施行　新要領・指針　サポートブック』世界文化社，2018年

● 幼稚園専門教養研究会編『幼稚園・幼保連携型認定こども園専門教養の要点と問題』大阪教育図書，2016年

索　引

執筆者紹介 <small>（執筆順，＊は編著者）</small>

＊上野奈初美 （うえの・なうみ）はじめに，第1章，第3章，第4章，第8章

  小田原短期大学保育学科教授（健康科学，身体教育学）

三浦由美 （みうら・ゆみ）第2章

  小田原短期大学食物栄養学科・乳幼児研究所准教授，博士（医学）（公衆衛生学，解剖生理学，子どもの保健）

平井千里 （ひらい・ちさと）第5章

  小田原短期大学食物栄養学科准教授，博士（栄養学）（臨床栄養学，生化学，栄養学，食品学，食品加工学）

中山貴太 （なかやま・たかひろ）第6章，第7章

  小田原短期大学保育学科専任講師（スポーツマネジメント，スポーツ教育学）

健やかな育ちを支える領域「健康」

2023 年 1 月 20 日　初版第 1 刷発行　　　　　　　　　　〈検印省略〉

定価はカバーに
表示しています

編著者　上　野　奈初美
発行者　杉　田　啓　三
印刷者　藤　森　英　夫

発行所　株式会社　ミネルヴァ書房
607-8494　京都市山科区日ノ岡堤谷町1
電話代表　(075)581-5191
振替口座　01020-0-8076

亜細亜印刷・藤沢製本

ISBN978-4-623-09278-9

Printed in Japan

保育学生のための「幼児と言葉」「言葉指導法」

馬見塚昭久／小倉直子 編著 　　　　　　　 A 5 判　292頁　本体2400円＋税

実践につながる 新しい幼児教育の方法と技術

大浦賢治／野津直樹 編著 　　　　　　　　 B 5 判　288頁　本体2500円＋税

実践につながる 新しい子どもの理解と援助
──いま、ここに生きる子どもの育ちをみつめて

大浦賢治 編著 　　　　　　　　　　　　　 B 5 判　232頁　本体2500円＋税

実践につながる 新しい教養の心理学

大浦賢治 編著 　　　　　　　　　　　　　 B 5 判　264頁　本体2800円＋税

実践につながる 新しい教育・保育実習
──自ら学ぶ実習を目指して

谷口征子／大浦賢治 編著 　　　　　　　　 B 5 判　208頁　本体2200円＋税

─────── ミネルヴァ書房 ───────
https://www.minervashobo.co.jp/